JN411086

유학을
꿈꾸다

유학을 꿈꾸다

누구나 자신이 속한 국가의 국민으로서 짊어져야 할 짐을 벗어놓을 수는 없다

이은영 지음

HU:iNE

유학을
꿈꾸다

글머리에

나는 유학을 떠나면서 1970년대의 암울했던 대학 시절을 청산하고 싶었다. 그 시절 대학가는 무장한 군인들에 의해 점령당했고, 교내 게시판과 유인물은 검열을 거쳐야 했다. 심지어 수업 내용까지 정보부의 간섭을 받았다. 대학은 학생들에게 반체제 단체를 형성할 수 있는 장을 열어 주었다. 학생들은 성토대회와 가두시위를 통해 탄압에 항의했다. 학생들은 시위 현장에서 체포되어 경찰서와 구치소를 드나들며 사회의 부조리를 너무나 뼈저리게 경험했다.

졸업식장에서 학생들은 뒤돌아 앉아 노래를 불렀다. 금지곡이었던 양희은의 아침 이슬에 이어, 김민기의 친구를 커다란 소리로 합창했다. 총장과 교수들이 당황했다. 졸업생의 호명이 시작되자 우우- 하고 야유를 던졌다. 졸업생들은 졸업식 중간에 뛰쳐나와 어깨동무 행렬을 짜서 거리로 행진했다. 그것을 바라보던 친구와 가족들도 행렬에 합류했다. 시민은 혼자 시위를 할 용기는 없었지만 학생들의 시위대에 합류하면서 힘이 샘솟는 것을 느꼈다.

대학을 졸업한 나는 화약과 최루탄 냄새가 가시지 않는 서울의 공기 때문에 기침이 터져 나오는 것을 참을 수 없었다. 자유의 공기를 찾아서 떠나고 싶은 마음이 간절했다. 말할 자유, 글 쓸 자유, 불의에 저항할 자유, 인습에서 벗어날 자유. 내가 갈망했던 자유는 일일이 나열할 수 없을 정도로 종류가 많았다.

급속한 산업화에도 불구하고 법대 졸업생들이 갈만한 일자리는 아주 적었다. 공무원, 그중에서도 최고로 쳤던 판사, 검사가 되기 위해서 사법 시험에 합격해야 했지만, 데모 경력이 있던 학생들에게 그것은 무리였다. 차분하게 시험 공부를 할 시간도 욕구도 없었다. 그리고 시위 경력이 있는 학생에게는 기회조차 주어지지 않아서 법조인이 되는 것은 애시 당초 꿈도 꾸지 못했다. 누구나 판사나 검사가 되면, 독재자의 앞잡이 노릇을 할 수 밖에 없다는 사실을 알고 있었다. 상아탑에서 추구했던 사법권의 독립은 실제로는 존재하지 않았던 시대였다.

다행히 무역 회사에 일자리가 많아져 많은 졸업생들이 회사원으로 흡수되었다. 회사원은 마음먹고 준비하면 취직이 가능했고 보수도 두둑한 편이었다. 수출 상품은 대개 저임금 여공들에 의해 생산되는 스웨터나 신발 같은 것이었다. 대학 시절 경제적 정의를 옹호하는 구호를 외치다 졸업 후 바로 노동자를 착취하는 일로 방향을 트는 일은 양심 있는 젊은이가 할 짓이 못된다고 생각한 사람도 많았다.

취직을 거부한 졸업생들은 대학원에 가서 공부를 더 하거나 외국으로 유학을 떠났다. 사회의식이 높았던 학생, 경제 상황이 어려웠던 학생들은 미국행보다는 독일행을 택했다. 장학금을 받을 기회가 미국보다 독일에 많았다. 무엇보다 독일 대학은 등록금을 받지 않는다는 사실이 독일 유학의 선호도를 높여 주었다. 나도 그런 행렬에 끼여 독일 유학을 떠나게 되었다.

1975년 여름, 독일 남서부 바텐뷔르텐주의 튀빙엔(Tuebingen) 시(市)를 뒤덮었던 젊음과 자유는 나를 문화적 충격에 빠뜨렸다. 유교적 분위기의 가정에서 자라 군사 독재 하의 얼어붙은 사회에서 학창 생활을 보낸 나에게 독일의 넘쳐흐르던 자유는 오히려 방종 같이 보여 쉽게 적응이 되질 않았다. 라인 강의 기적을 이룬 독일인들은 윤택하게 살고 있었고 학문 분야에서의 자부심은 드높았다.

여행 가방에 넣어 가지고 온 옷가지만으로 사계절을 지내는 것은 힘들고도 창피한 노릇이었다. T시는 독일 치고는 해가 자주 나고 따뜻한 지방인 편인데도 여름에조차 추운 날이 많았다. 따뜻한 코트가 없어 가을과 겨울에는 내내 덜덜 떨었다. 전기담요나 전기장판이 없던 시절이어서 독일 습관에 맞춘 서늘한 실내공기를 견디는 일은 온돌방에서 자란 나에게는 극심한 고통이었다. 나는 뜨거운 보리차를 마시는 것으로 몸의 냉기를 물리치려 노력했지만, 추위는 나를 고향 생각에 깊이 빠져 마음까지 병들게 만들었다.

추위 같이 몸으로 적응해야 하는 문제 보다 더 큰 문제는 고립과 열등감으로 인한 정신적 공황 상태였다. 삼남삼녀 중 네 번째 아이였던 나는 늘 북적이는 집안에서 화기애애한 생활을 했었다. 처음 겪는 객지 생활의 외로움은 정신적 균형을 흐트러뜨렸다. 나는 거인국에 잘못 떨어진 소인처럼 작고 보잘 것 없는 존재였다. 얼굴은 노랗고 키는 중학생보다도 작고 독일어는 초등학생만도 못했다. 나는 겁먹은 표정으로 복도 구석을 소리 나지 않게 걸어 다니는 그림자였다.

한국에서 자주 먹지 못했던 고기를 실컷 사먹을 정도의 돈은 주머니에 갖고 있었지만 장학금이 떨어진 후 돈 없이 오도 가도 못하게 될까 두려워 마구 쓸 수 없었다. 개인은 국가 단위의 상대적 빈곤감에서 벗어 날 수 없다는 것을 깨달았다. 나 혼자 부자가 되는 것으로 해결될 일이 아니었다. 후진국 국민, 그리고 후진국 여성으로 태어난 것이 몹시 서러웠다.

자신감 상실과 가슴 속에서 솟구치는 의구심 때문에 견딜 수 없었다. 공부도 진전이 더딘데다가 우울증에 시달려 얼굴이 더 노래졌다. 며칠을 물만 마시고 누워 있다가 방문을 박차고 나왔다. 한 번 뜻을 세웠으면 중간에 뜻을 꺾는 일은 절대 없어야 한다고 다짐을 주셨던 아버지의 호통이 떠올랐다. 살아야 한다. 살아서 집에 돌아가 가족들을 만나야 한다. 살 길은 빨리 한국으로 돌아가는 길뿐이다. 빈손으로 돌아갈 수는 없었다. 학위 과정을 최대한 빨리 마치기 위해 최선을 다하는 수밖에 없었다.

독일 학생들과 어울리는 일이 전보다 훨씬 자연스럽게 되었다. 공부와 관계없는 신변잡기에 대해서도 독일어로 얘기할 줄 알게 되면서 한두 명씩 친구를 사귀게 되었다. 독일 학생들의 사생활에 대하여 비판하던 시선을 거두고 나니 공동 부엌에서 요리나 취미활동에 대해 이런저런 얘기를 나눌 기회가 많아졌다. 한국에 대해서 얘기할 때에도 예전같이 쓸데없이 자존심을 강하게 드러내 상대방을 불편하게 하는 일도 없어졌다.

그때 구성된 여학생 토론 모임은 나에게 영혼의 친구를 만들어 주었다. 같이 밥을 해 먹으면서 유학 초기 짓눌렸던 고립감을 서서히 극복해 나갔다. 문학, 철학, 신학, 교육학, 물리학을 공부하는 친구들과 이야기하면서 시대 사상을 어렴풋이 익힐 수 있었고 내가 얼마나 우물 안의 개구리로 살아 왔는가를 알게 되었다. 한국을 떠날 때, 아무도 아는 사람이 없는 나라로 가서 혼자 미래를 개척해 나가겠다고 생각했던 일이 유치한 발생이었음을 깨달았다.

토론 모임에서 우리는 우선 공통의 문제의식과 사회관을 갖기 위해서 같이 책을 읽고 토론하고, 각자의 전공과 직업에 맞게 한국의 재건에 기여할 방법과 역할을 모색했다. 당시 한국은 임시로 지은 판잣집과 같이 엉성한 시스템으로 구성되어 있었다. 우리나라에는 무엇보다 사회시스템을 재건축할 선진 기술이 필요했다. 우리는 한국에 돌아가 한국 사회의 변화를 위해 스스로를 불사르기로 약속했다.

이제와 돌이켜보니, 독일 유학을 계기로 성격이나 취향이 많이 변화했다. 독일에서의 경험이 유년 시절부터 지녔던 소중했던 것들을 사라지게 만든 부작용도 있었다. 세상에 공짜는 없다더니. 나의 미각과 안목은 은연 중 서양식으로 변했고 한국의 인정 많은 풍습에 거리감을 느끼는 경우도 생겼다. 귀국 후, 나는 시민운동을 하던 경제학 교수와 결혼해서 아들과 딸을 낳았다. 독일을 경험하지 않은 남자와의 결혼 생활에서 자신의 독일 취향을 숨기려 무척 노력했지만 쉽지 않았다.

누구나 자신이 속한 국가의 국민으로서 짊어져야 할 짐을 벗어 놓을 수는 없었다. 독일에서 다시 학생들의 데모 행렬과 마주쳤을 때, 나는 권위주의에 대한 도전이 나의 시대적 숙명이라고 받아 들였다. 외국에서 공부를 하면서, 역동적인 시대를 살고 있는 지식인으로서의 소명을 자각할 수 있었던 것은 큰 소득이었다. 무엇보다도, 독일 유학은 내게 직업 밑천이 된 박사 학위를 받게 해주었고, 독일 서적들은 학자로서 발전할 이론적 양분을 제공해 주었다.

미지의 세계로 떠날 때 나는 과장된 두려움을 지고 갔던 것 같다. 독일 사회에 대한 무지의 소치로 저질렀던 실수와 지나친 자의식에서 비롯된 과잉 반응은 지금 회상해 보아도 실소를 자아내게 만든다. 노후에 그때 일들을 하나씩 끄집어내어 다시 음미해 보려고 틈틈이 에세이로 다듬어 모아 두었다. 이제 그 노트를 펼쳐 공개하려니 부끄럽기 짝이 없다.

나의 졸작을 멋진 책으로 출간해 준 한국외국어대학교 지식출판원에 깊은 감사를 드린다.

차례

제2장

낯선 도시에 찾아들다

제3장

정착을 위한 대가를 치르다

제4장

고립의 늪에 빠지다

Fall into isolation 133

제5장

밑바닥까지 침잠하다

Settle down to the bottom 163

제6장

공동체에서 구원을 받다

The community ______ 197

제7장

개성을 표현하다

Express my personality ______ 239

제8장

가방을 싸다

유학을
꿈꾸다

유학을 꿈꾸다

제1장 자유를 갈망하다

Yearn for freedom

제1장 자유를 갈망하다

경보

밤 열 시 우리가 운영하던 야학 교실에 경찰이 들이닥쳤다. 남자 선생 세 명과 여자 선생 두 명이 경찰에 연행되었다. 내가 감기로 수업을 십 분 일찍 끝내고 그곳을 떠난 후였다. 연행된 남자 중의 한 명이 내 남자 친구였다.

다음 날 아침 6시에 우유가 두 통 배달되었다. 대문 밑으로 첫 번째 우유 한 병이 투입된 지 오 분 후에 두 번째 우유병이 투입되었다. 나는 직감적으로 무슨 일이 터졌다는 것을 알았다. 두 번째 우유병에는 작은 쪽지가 붙어 있었다.

"물속에 깊이 담구어 두십시오!"

속된 말로 '잠수타라'라는 경고였다. 언제라도 잠적해야 할 일이 생길 것이기에 우리는 아주 간소한 생활을 했다. 나는 즉시 개인 물건을 몽땅 챙겨 닭장 같은 작은 방을 나섰다. 시내 중심의 관광호텔에 짐을 풀자마자 짙은 화장에 짧은 치마를 입고 방을 구하러 나갔다.

그날로 깨끗한 주택가에 월세방을 얻었다. 다음 날 바로 이사들어가기로 하고 보증금을 내고 호텔로 돌아왔다. 그 동네 월세방에는 밤에 고급 술집에 일하러 나가는 여인들이 많이 살았다. 나는 그녀들 못지않게 수입이 많았다. 고등학생 가정 교사 자리를 다섯 팀이나 꾸리고 있었다.

한밤중에 텔레비전 앞에 앉아 뉴스를 모조리 청취하였다. 다음 날 조간신문을 꼼꼼히 읽었다. 친구들의 연행 사건은 언론에 의해 크게 부풀려졌다. 뉴스들은 모두 같은 표제를 달았다.

"대학생, 반국가단체 결성해 활동 중 검거"

만약 그 대학생들에게 내란음모죄가 인정된다면 사형이 선고될 수도 있다고 했다.

나는 학교에 가지 않았다. 졸업 전 마지막 학기말 시험을 놓치고 말았다.

매일 밤 나는 잠을 이루지 못했다. 고등학생들의 집을 찾아다니며 과외 수업을 해 주는 시간이 오히려 편했다. 집에 돌아오면 신경이 바늘처럼 곤두섰다. 바람에 문이 삐걱거리는 소리만 나도 온몸을 바르르 떨었다. 친구들이 고문을 못 이겨 내 이름을 알려 주었는지도 몰랐다. 당장에라도 형사가 들이닥칠 것 같았다. 도저히 이런 초조한 대기 상태로 계속 지낼 수는 없었다. 아무도 찾을 수 없는 지방으로 이사를 해야겠다고 생각하던 참이었다.

마침 대학 입시를 앞둔 고등학생의 부모가 입주 가정 교사를 부탁했을 때 그 제안을 기꺼이 받아들였다. 다시 가방을 싸고 나의 흔적을 없앤 후 그 학생 집으로 들어갔다.

학생 집에서는 나에게 독방을 주었다. 전에 살던 셋방보다 훨씬 좋았다. 학생이 등교해 있는 시간 동안 자유 시간도 많이 가질 수 있었다. 학생 방의 책장에는 한국 문학 전집과 세계 명작 선집이 전부 갖추어져 있었다. 나는 외출을 거의 안 하고 지냈다. 내가 책장의 전집들을 거의 다 읽었을 때 그 학생은 대학 입시를 치렀고 나는 그 집을 나왔다.

남자 친구의 재판이 시작되었다. 검찰의 기소가 이루어지면 대개 그 사건에 대한 수사도 마무리된다고 들었다. 공판정에 가더라도 큰 위험은 없으리라 판단했다. 나는 방청을 하러 나가려고 옷을 골랐다. 청바지는 대학생 신분이 금세 노출되니까 안 되겠어. 야한 술집 여성으로 차릴까 아니면 청소 아줌마처럼 보이게 입을까. 결국, 낡은 청소 제복을 입고 아무도 마주치지 않도록 동네를 벗어났다.

법원 건물 앞에는 사법 경찰들이 근엄한 표정으로 서성이고 있었다. 현관문의 검열 책상 앞에 줄을 서 있는데 누가 뒤에서 어깨를 잡아챘다. 십 대 청년인데 낯이 익다. 언젠가 한 번 만난 적이 있는 남자 친구의 동생이었다.

"누나더러 자기 근처에 얼씬도 하지 못하게 하랬어요."

나는 그제야 퍼뜩 깨달았다. 우유병에 붙은 경고 쪽지는 동생이 심부름으로 한 일이었다.

재판에서 대학생들의 내란음모죄는 인정되지 않았다. 그들은 사회주의 서적을 읽고 토론한 일로 반공법에 의해 처벌되었다. 남자 친구는 이 년 징역형을 선고받았다. 텔레비전에 포승을 두른 남자 친구의 사진이 크게 비추어졌을 때 나는 숨어서 조용히 흐느꼈다.

늘 죄책감에 시달렸다. 나만 체포되지 않았다는 사실이 부끄러웠다. 아마 남자 친구가 나를 철저히 보호해 준 덕택일 터였다. 남자 친구의 면회라도 한 번 다녀와야 하지 않을까. 나는 사람의 도리를 따르지 않는 못난 인간이었다. 자기 살 걱정만 하는 자신이 혐오스러웠다. 삶의 의욕을 잃었다.

남자 친구를 면회하고 온 동생이 나를 찻집으로 불러냈다. 나는 남자 친구의 근황을 들으며 눈물을 감추지 못했다. 그는 판결 전보다 살도 조금 찌고 마음도 편안해졌다고 했다. 감방에서 운동도 하고 책도 읽는다고 했다. 동생은 머뭇거리며 용건을 꺼냈다.

"형이 감방에 있을 동안 누나더러 외국에 가 있으라고 했어요."

"뭐? 나만 호의호식하란 말이야? 그러지 않아도 괴로워 죽을 지경인데."

동생은 이말 저말로 나를 설득했다. 결국은 나도 그의 말이 옳다고 생각했다. 나는 드러내놓고 면회를 가보지도 못하고 편지를 쓸 수도 없는 처지였다. 내가 한국에 머무른다 해도 그에게 도움될 일이 없었다. 그러지 않아도 이 나라에 진저리가 나 있던 참이었다.

의식을 억누르는 강박 관념에서 벗어나고 싶었다. 사건을 피해 잠적을 하는 것은 너무 견디기 힘들었다. 사건에서 멀리 떨어진 나라로 도피할 필요가 있었다.

친구를 통해 수소문해 보니 졸업생 명단에 내 이름이 들어 있다고 했다. 교수 회의에서 기말 시험을 빼먹은 학생을 모두 구제해 주기로 결의했다고 들었다. 그것으로 한걱정은 내려놓았다. 그동안 가정 교사를 해서 번 돈을 셈해보니 꽤 많은 금액이었다. 나는 유학을 떠날 준비를 해야겠다고 생각했다.

털보

무심코 한 발 들어놓았던 집 한 채가 여자의 인생을 바꾸어 놓는다는 훈계를 아버지는 덤벙대는 내게 하곤 했다. 나는 그런 얘기를 웃음으로 날려버리곤 했다. 내가 그 집을 기웃거렸던 다음 날부터 지독한 열병을 앓게 되었다. 떠나기는 해야겠는데 갈 곳을 찾지 못해 방황하고 있던 참이었다. 열병으로 잠을 설친 밤이 사흘 계속되었다. 나흘째 되던 밤 그 호랑이 굴에 들어가 보기로 했다. 꾹꾹 눌러왔던 욕망을 끄집어낸 다음에는 어떤 대가를 치러야 할지 생각해 볼 겨를조차 없었다.

남산의 분수대에서 도서관 쪽으로 내려오다가 한남동 쪽으로 뻗은 큰길에 들어섰다. 닦은 지 얼마 안 되는 길이라 아스팔트가 반짝반짝 까맣게 빛나고 있었다. 길을 따라 걸은 지 얼마 되지 않아 주위의 집과 다른 분위기를 풍기는 단층 가옥이 눈에 띄었다. 바로 저 집이었다. 대문 기둥에 붙어 있는 작은 현판을 읽어 보았다. 독일어로 '괴테 인스티투트'라고 쓰여 있었다. 괴테가 독일의 작가라는 것은 알고 있었지만 인스티투트가 무슨 뜻인지 감이 오질 않았다. 나는 궁금증을 참지 못해 그 집안으로 불쑥 발을 밀어 넣었다.

얼마 전까지 그 집은 그저 잘 지어진 가정집이었다. 그런데 그날보니 그 집은 전시관처럼 내부가 투명하게 들여다보이고 있었다. 그 집은 유난히 큰 창을 갖고 있었다. 열린 창으로 방 안에 있는 사람들의 행동이 낱낱이 보였다. 내가 창밖으로 지나가려니 책상 앞에 앉아 있던 사람이 고개를 돌려 나를 쳐다보았다. 나는 도적질하러 들어가다 들킨 것처럼 놀라 그 창에서 멀찌감치 물러났다. 아래로 내려가니 바로 밑에 그보다 작은 또 한 채의 양옥집이 이어져 있었다. 그 아랫집의 대문도 역시 활짝 젖혀져 있었다. 위아래 두 개의 문은 아랫동네 사람들이 남산을 오르내리는 지름길로 이용할 수 있게 제공되고 있었다.

그 집을 발견한 다음날부터 나는 매일 그곳을 가로질러 가 보았다. 그저 지나가는 사람인 척하면서 그곳을 자세히 살펴보곤 했다. 그러다 게시판을 발견하고 그곳에 빼곡히 걸린 문서들을 살펴보았다. 독일어로 쓰여 있었다. 나는 그 뜻을 이해할 수 없었다. 다음 날부터 주머니에 사전을 넣어서 다니면서 게시판의 글들을 읽었다. 매주 수요일 영화를 상영하는 시간에 맞추어 가보았다. 파스빈더 감독의 영화들은 정신이 번쩍 들 만큼 강한 자극을 주었다. 여태껏 경험해 보지 못한 세계가 그곳에서 펼쳐 지고 있었다.

얼마 후 나는 그 집을 출입할 자격을 정식으로 얻었다. 수강생을 모집한다는 광고를 보고 독일어 회화 초급반에 등록한 것이었다. 그 반은 마침 원장이 직접 학생들을 가르치는 반이었다. 나는 원장의 나이를 짐작할 수 없었다. 처녀가 중년 남자의 나이를 짐작하는 일에 서툰 것은 당연했다. 게다가 턱수염을 길게 기르고 있는 외국인의 나이는 전혀 가늠할 수 없었다. 그의 턱은 풍성하게 자란 갈색 수염으로 온통 뒤덮혀 잡초 덤불을 연상시켰다. 학생들은 그를 '털보'라고 불렀다. 나는 수업 시간 내내 파란 눈, 블론드 색 곱슬머리, 엷은 밤색의 턱수염을 차근차근 관찰했다. 저렇게 산적같이 생긴 인간이 지성을 지니고 있으리라는 것이 믿어지지 않았다.

털보는 고개를 잔뜩 숙이고 자기 입을 쭉 내밀면서 말하곤 했다.

"이렇게 발음하는 거예요. 내 입 모양을 잘 보고 따라 해 보세요!"

초급반의 정원은 스무 명이었지만 등록한 학생은 여덟 명밖에 안되었다. 수업 시간에 반드시 독일어로만 말하게 되어 있는 원칙 때문에 학생들은 고문을 당하는 기분이었다. 털보는 어떻게든 학생을 붙잡아 두려고 갖은 애를 썼다. 그는 한 마디라도 말을 한 학생에게 연필이나 수첩 같은 작은 선물을 주곤 했다. 털보의 노력에도 불구하고 수강생은 매주 줄었다. 나는 말없이 앉아 있곤 했지만 출석은 꼬박꼬박했다. 털보는 수줍음을 타는 여학생의 기분을 상하게 하지 않으려 나름대로 조심했다. 결국, 삼 개월 코스가 끝날 무렵에는 나 혼자 남아서 그의 발음을 따라 하고 있었다.

수업을 들으면서 내 가슴은 독일에 대한 동경으로 충만해졌다. 그것에 반비례해서 사회 문제에 무심해졌다. 중학시절부터 밤을 채워주던 문학 작품들, 귀에 달고 지내던 음악들이 대개 독일인의 작품이었다는 사실을 새삼 깨달았다. 나를 감싸왔던 독일의 낭만에 다시 빠져들었다. 독일의 아름다운 환상들이 현실의 고단함을 잊게 해주었다. 한국에 발을 딛고 있으면서도 독일의 것들만 눈에 들어왔다. 마지막 독일어 수업을 마친 날 나는 허탈감을 느꼈다. 꿈을 꿀 매개체를 잃을까 두려웠다.

다음 날 수료증을 받으러 사무실에 들렀다. 털보는 직원들과 자기 집에서 저녁을 먹기로 했다며 나더러 동석하라고 권했다. 나는 초대를 받고 당황스러웠다. 외국인을 집으로 방문할 때 어떻게 예의를 갖추어야 할까 걱정되었다. 친구 집에 갈 때처럼 빈손으로 갈까, 아니면 친척 집에 갈 때처럼 수박을 사 들고 갈까 고민했다. 사무실 직원에게 물어보았다. 꽃다발을 가지고 가면 된다고 했다.

털보네 집은 이태원 언덕 위에 있었다. 나는 직원이 그려준 약도를 들고 한참을 헤매서야 그 집을 찾을 수 있었다. 초대받은 시간보다 삼십 분이나 늦었다. 초인종을 누르니 저쪽에서 한국말로 누구냐고 묻는 아줌마의 목소리가 들렸다. 사투리 섞인 아줌마의 목소리를 들으니 조금 안심이 되었다. 넓은 정원을 가로질러 현관 옆 응접실로 안내되어 갔다. 화단에 풍성하게 피어 있는 빨강 장미들이 달콤한 향기를 내뿜고 있었다. 나는 꼭 안고 있던 꽃다발을 후회스럽게 바라보았다. 한참이나 골목골목 헤집고 다녔더니 꽃송이가 축 늘어져 볼품없이 되어있었다.

응접실에는 털보가 직원들과 와인을 마시고 있었다. 가정부가 내 앞에 샌드위치 접시를 내려놓으면서 무엇을 마실 거냐고 물었다. 털보는 내 대답을 기다리지 않고 와인을 가져오라고 지시했다.

"어제 마친 수업이 한국에 전근 와서 가르친 첫 클래스였거든. 무사히 끝냈으니 축배를 들 만하지."

나에게는 그곳에 머무는 시간이 너무나 천천히 흘렀다. 금발 여인이 응접실로 들어섰다. 부인을 소개하는 털보의 어조가 근엄하게 변해 있었다. 직원들은 시계를 보았다. 시간이 꽤 늦어있었다. 직원들이 돌아가겠다고 하자 털보 부부는 당연한 일이라는 듯 작별 인사를 했다. 나도 황급히 작별 인사를 하려는데 털보가 잠깐 남으라고 했다.

털보가 잠깐 응접실에서 나갔다. 부인은 나의 쌍꺼풀 없는 길쭉한 눈이 신기하다며 한참 쳐다보기만 했다. 털보가 묵직한 가방을 들고 돌아왔다. 그는 단도직입적으로 말을 꺼냈다. 독일 유학을 가보면 어떻겠냐고 권했다. 꿈을 가진 한국인을 독일로 초청하는 것이 자신의 임무라고 했다. 나는 털보의 울창한 수염 사이에 드러난 얇은 입술이 애벌레처럼 꿈틀거리는 모양을 멍하게 바라보았다. 한참 후 나는 조용히 고개를 끄덕였다. 털보는 한 묶음의 안내 책자를 가방에서 꺼내 건네주었다.

털보가 준 책자를 읽고 난 후 내 허파에는 바람이 단단히 들었다. 나는 벌써 독일로 떠나는 마음 가방을 꾸리고 있었다. 그 바람은 삶에 생기를 불어넣어 주었다. 하루하루 할 일이 너무 많았다. 은둔 생활의 무료함은 이제 완전히 과거사가 되었다.

동경

화창한 아침 햇살이 마당 가득 비추었다. 옆방 언니랑 남산에 올라가기로 했다. 막 겉옷을 걸치려던 참에 대문에서 초인종 소리가 났다.

"등기 우편입니다."

나는 방문을 확 열어젖히며 중얼거렸다.

"피를 말리며 기다리던 그 소식일까? 아니면 도망치고 싶은 그 일?"

나는 신발을 앞쪽만 걸친 채 마당을 가로질러 나가 대문을 열었다.

집배원의 겨드랑이에 낀 노란 사각 봉투가 반짝 빛났다. 낯선 느낌이 드는 색다른 자질의 봉투였다. 나는 그것이 고대하던 편지라는 사실을 직감적으로 알았다. 집배원이 건네는 수령증에 서명하고 두툼한 봉투를 건네받았을 때 가슴이 두근댔다. 봉투에 쓰인 낯선 외국 주소를 한참이나 바라보았다.

옆방 언니가 방문을 열고 호기심 어린 눈길을 보냈다.

"그 남자 편지니?"

나는 봉투를 보이며 고개를 흔들어 보였다. 옆방 언니는 실망의 표정을 보였다. 나는 언니가 보내는 호기심의 눈총을 피해 방으로 들어갔다.

봉투에서는 세 개의 서류가 나왔다. 하나는 타이프로 친 편지, 비둘기 사진이 표지에 들어 있는 설명서, 그리고 비행기 표.

다음 날 저녁, 내 방에 들른 옆방 언니는 웃음을 함빡 머금고 어떤 남자의 편지를 보여주었다.

"네 사진을 보고 아주 맘에 들었대. 다음 달에 널 만나러 우리 동네로 오겠대."

"언니 맘대로 한 중매이니 난 몰라요."

한발 늦은 편지는 아무 소용이 없었다. 진작 연락이 왔더라면 언니 얼굴을 봐서 한 번은 만나주려고 했었다. 하지만 비행기 표를 본 순간부터 내 마음은 비행기에 올라타 하늘을 날고 있었다.

김포 공항을 나설 때 나는 남몰래 안도의 한숨을 크게 내쉬었다. 그동안 요리조리 피해 다니던 시간이 아득하게 느껴졌다. 뜻밖에 들이닥쳤던 난관을 헤쳐 나온 자신이 대견스러웠다. 아무에게도 출국 시간을 알려주지 않았다.

비행기 문으로 들어서며 나는 환송장 쪽을 바라보았다. 콩나물 같은 머리들이 촘촘히 박혀 있었다. 모두 비행기 쪽으로 상체를 기울여 난간이 무너질 듯 보였다. 사람들은 저마다 손수건을 든 팔을 내저었다. 나는 아무도 아는 사람이 없는 환송 인파를 향해 손을 흔들었다. 뺨에 눈물이 주르륵 흘렀다.

비행기는 주유를 위해 앵커리지 공항에 잠시 착륙했다. 알래스카의 하얀 눈 덮인 산맥은 처음 보는 장대한 풍경이었다. 북아메리카 대륙의 얼음 덮인 산들이 늠름해 보였다. 공항의 출입문을 열고 나선 순간 거센 바람이 불어 닥쳤다. 순식간에 팔뚝에 소름이 돋았다. 여름옷을 입고 밖에 나가는 것은 무리였다. 다시 실내로 들어왔다. 유리창 너머로 넓게 펼쳐진 숲과 호수를 바라보는 것으로 만족해야 했다. 겨울 나라에 사노라면 사계절을 겪으면서 얻은 상처가 하얗게 표백되겠지. 삶에 죽고 싶을 만큼 지쳤을 때 두툼한 겨울옷을 준비해 가지고 와서 살아야겠다.

다음 날 비행기는 독일 프랑크푸르트 공항에 도착했다. 나는 비행기 문이 열리자마자 전에 전혀 맡아 보지 않았던 내음이 기내로 스며들어 코를 자극하는 것을 느꼈다. 새로운 공기의 냄새였다. 습기를 가득 머금었고, 강한 청소용 향수 냄새를 머금었으며, 약간 비릿한 백인들의 체취가 포함되어 있었다. 현지 시간으로 정오가 조금 지났지만, 하늘에 해는커녕 검은 구름이 가득 드리워 있어 낮인지 저녁인지 분간이 안 될 정도였다.

비행기에서 날짜가 바뀐 후 23살의 생일을 맞이하고 있다는 사실로 머리가 터질 듯이 흥분되었다. 이 기분을 노트에 기록해두면 머리가 가벼워질 듯 했다.

"오늘 새로운 동화 나라로 들어가려 한다. 다 커버린 어른이 왔다고 가혹한 신고식을 치르게 하지는 않겠지."

계속해서 이렇게 기록했다.

"이런 눈부시게 화사한 하늘 위에서 생일을 맞는 것은 축복일까? 더 할 나위 없이 행복하리라고 기대했다. 그런데 그다지 행복하지 않아 당황스럽다. 안개처럼 퍼져 가는 불안감을 어떻게 막아야 할까."

비행기 문을 통과해서 승하차용 계단을 걸어 내려오는데 차가운 빗물이 머리꼭지로 후드득 쏟아 내렸다. 흩뿌리는 빗살을 그냥 맞으며 조심스레 땅바닥에 발을 내디뎠다. 여러 시간을 공중에 떠 있던 몸은 다시 육지를 딛자 어지러움에 휘청거렸다. 나는 잠시 그 자리에 멈추어 독일에 대한 첫인상을 하나씩 점검하였다.

"독일 땅에 발을 딛자마자 나타난 첫 반응은 평형 감각의 장애였다."

매사를 노트에 기록해 두는 습관을 들인 나는 그 반응을 얼른 수첩에 적어 두었다.

"동화 나라라면 햇빛이 환하게 비춰야 맞을 텐데 이곳은 왜 이렇게 어두침침할까."

나는 무거운 가방 때문에 우산을 펼치거나 빠르게 이동할 엄두를 내지 못한 채 쇠똥을 굴리는 곤충처럼 양팔을 벌리고 뒤뚱

뒤뚱 공항 건물의 입구를 향해 느릿느릿 걸어갔다. 건물의 입구를 지나 넓은 홀로 들어섰다. 그곳에서 나는 그만 방향 감각을 잃어버렸다.

공항은 마치 거대한 공룡의 배속 같았다. 삼 층 높이의 로비 벽에는 하얀 색에 붉은 선과 노란 선이 엇갈려 그려져 있었다. 저만치 앞서가던 승객이 평지용 자동 보행기(에스컬레이터) 위에 가만 선 채로 멀어져 가는 것을 넋을 놓고 바라보았다. 그쪽으로 다가가 보았다. 나는 그 괴상한 기계 앞에서 어찌해야 할 바를 모르고 멈추었다. 기계 앞에서 몸뚱이가 나무처럼 굳어지는 느낌이 들었다.

나는 다른 길을 찾으려 문 쪽으로 되돌아가려 했지만, 그 자동문은 안쪽에서는 열리지 않게 차단되어 있었다. 번쩍이는 철제 프레임에 비치는 내 모습을 잠깐 바라보았다. 뜻하지 않게 동화 나라로 들어선 허수아비처럼 그 장소에 융화되지 못하고 들떠 있었다. 문밖으로 되돌아갈 수 없다는 사실을 알자 거미줄에 사로잡힌 곤충이라도 된 양 두려움이 엄습했다. 한번 들어가면 돌아나갈 수 없는 그런 동화 나라에 발을 들여놓은 것이었다. 자신의 선택이 옳았는지 회의가 들었다.

입양아

나는 같은 비행기에 어릴적 친구, 인희가 타고 있는 줄은 까맣게 몰랐다. 내 좌석은 중간보다 약간 앞쪽이었고, 인희의 자리는 뒷쪽이었다. 우리는 화장실을 따로 쓰는 다른 공간에 앉아 있었다. 인희는 양팔로 생후 열다섯 달 된 아기를 안고, 어깨에는 아기 용품이 담긴 가방을 메었다. 등에는 무거운 물건을 가득 담은 배낭을 멘 덕분에 몸은 앞뒤로 둥그렇게 튀어나왔다. 가방을 빨리 정리하고 좌석에 앉으라는 스튜어디스의 말이 들렸지만 혼자서 어찌해야 좋을지 당황했다.

인희는 키가 작은 탓에 비행기 좌석 위 수납공간에 가방을 얹지 못해 쩔쩔맸다. 독일 비행기는 짐칸이 유난히 높이 설치되어 있었다. 그녀는 바로 뒷자리에 앉아 있는 한국 남자를 발견했을 때 안도의 숨을 내쉬었다. 양복을 쫙 빼입은 남자는 창문 쪽 자리에 앉아 밖을 내다보고 있었다. 몇 번 짐을 올리려 시도해 보다가 잘 안 되자 남자를 향해 좀 도와주지 않겠냐고 소리 높여 요청했다.

남자는 잠시 인희를 쳐다보고는 다시 고개를 창 쪽으로 돌린 채 꼼짝도 하지 않았다. 못 들었나 싶어서 한 번 더 청해 봤지만 역시 못들은 체하고 있었다. 인희는 그 남자가 해외 여행으로 긴장하고 있어서 말이 잘 들리지 않았나보다 하고 좋게 생각했다. 승객들이 통로에 밀리게 되자 승무원이 다가와 가방을 얹어 주며 빨리 좌석에 앉으라고 독촉했다.

비행기가 출발하면서 밑으로 가라앉는 서울 시내가 보였다. 우주 여행이라도 떠나는 듯 적막감이 왈칵 밀려들었다. 공항에서 이별한 친지들 얼굴이 떠올라 창밖의 풍경이 보이지 않고 머리가 멍했다. 아이는 곧 잠들었다. 아이는 추운 방에서 키워졌는지 볼이 빨갛고 피부가 갈라진 흔적이 있었다. 바라보고만 있어도 측은한 마음을 불러일으켰다.

기체가 흔들리자 곤히 잠자던 아기가 깨어나 울음을 터뜨렸다. 황급히 우유병을 꺼내 아기의 입에 물렸지만, 아기는 얼굴을 도리질하며 큰 소리로 울어댔다. 인희는 아이를 안고 쩔쩔매었다. 다행히 비행기 꼬리 부분에 작은 공간이 있어 두세 걸음씩 움직이며 아이를 흔들어 줄 수 있었다.

뒤쪽 화장실 앞에서 그 남자와 마주쳤다. 인희는 아까의 서운함으로 눈을 내려깔았다. 그는 멋쩍은 듯 씩 웃으며 말을 걸었다.

"아기를 데리고 여행하려면 힘드시겠어요. 엄마 노릇하기에는 아직 어려 뵈는데."

"사실은 제 아이가 아네요."

"아이의 운송을 부탁받은 거죠? 어디까지 데려다주나요?"

"프랑크푸르트 공항까지지요."

인희는 남자가 아이에게 관심을 내보이는 것이 고마워 조금전 토라졌던 마음을 조금 풀었다.

"전 간호사예요. 독일병원에 일하러 가는 길이거든요. 복지 재단이 아기를 데리고 가면 제 항공 요금의 반을 부담해 주기로 했어요."

"나도 독일에 근무하러 가는 길입니다. 대사관에 근무하게 되어서요."

남자는 거드름 피는 몸짓으로 인희에게 악수를 청했다. 인희는 새침한 목소리로 물었다.

"아까 도움을 청했을 때는 왜 못 본 척했어요?"

"외국에서는 무슨 일이든 스스로 해야 하는데, 가방 간수하는 일 같은 데 남의 도움을 청해서는 안 되지요."

인희는 그 대답을 듣고 마음이 다시 얼어붙는 것을 느꼈다. 어느 장단에 춤을 추어야 할지 당황스러웠다. 남자는 맥주를 얻어다 한숨에 들이키더니 묻지도 않았는데 독일의 최근 소식을 주섬주섬 늘어놓았다. 인희는 그의 얘기에 빠져 아이를 안은 팔이 저려오는 것을 참았다. 남자는 인희에게 화장실에 다녀오도록 잠시 아이를 봐 주겠다고 제안했다. 인희는 미우나 고우나 한국 사람이 곁에 있다는 것은 든든한 일이라고 생각했다.

비행기는 예정된 시간에 프랑크푸르트공항에 도착했다. 인희는 아이를 안고 간신히 출구를 찾아 나왔다. 출구를 나서자마자 아기를 인도받을 양부모가 얼른 아이를 받아 안았다. 그들은 인희에게 수고했다는 말 한마디를 남긴 채 우는 아기를 어르며 사라져 갔다. 그들의 걸음걸이에서는 출생국과 인연을 끊겠다는 의지가 단호하게 나타났다. 저 부부의 품에 안긴 아이는 생모를 모른 채 풍요로운 독일인으로 양육되겠지. 인희는 그 아이가 그저 측은하게만 여겨졌다.

편도 비행

공항 로비는 혼자 서성이기에 너무 넓었다. 그곳은 처음 밟은 이국땅이었다. 모든 것이 낯설고 위협적이었다. 하루라도 빨리 비행기에 올라타고 싶다며 조바심쳤던 날을 상기했다. 그때는 외국에 도착하기만 하면 그날부터 한국과 완전히 단절된 삶을 살아보고 싶어서 안달했었다. 가족들 얼굴이 잠깐 떠올랐지만, 지우개로 지우듯 그 그림을 떨쳐 버렸다. 어른이 되어서 이국땅에 살면서 고향의 습성을 깨끗이 청산하고 사는 사람은 거의 없을 것 같았다.

떠날 때 팽만하던 자신감이 풍선에 바람 빠지듯 사라져갔다.

공항의 대리석 바닥은 파리도 미끄러질 만큼 반짝였다. 자꾸 발이 헛짚어졌다. 달에 착륙한 사람처럼 중력에서 벗어나 공중에서 떠다니는 기분을 느꼈다. 달에 착륙한 아폴로 우주인의 심정이 어땠을까 추측해 보았다. 나는 스스로 최면을 걸려는 듯 몇 번이고 떠날 때 노트에 적어두었던 문구를 중얼거렸다.

"뚜껑 열기를 주저하지 말라. 도전은 신나는 일이다."

문득 귀국 비행기 표를 가지지 않았다는 사실이 떠올랐다. 비행기에서 내린 순간 한국과 자신을 맺는 줄은 끊어진 것이라는 사실을 받아 들여야만 했다.

서울에서 이곳 프랑크푸르트까지는 몇 킬로나 되는 거리일까. 정말 먼 여행을 했다는 것 이외에 정확한 수치는 짐작이 가질 않았다. 거리가 먼지 아닌지는 단순히 킬로미터로 계산할 것은 아니라는 생각이 들었다. 몇 시간이 걸려서 도착할 수 있는지 경유지가 몇 도시나 되는지 하는 여행 경로도 고려 대상에 넣어야 했다.

가장 중요한 것은 한 번 떠난 후 출발점으로 쉽게 돌아갈 수 있는지 하는 사실이었다. 나는 출발지로의 귀환 가능성이 도시 사이의 심정적 거리를 재는 척도가 되어야 한다는 생각에 빠졌다.

사방을 두리번거려 봤지만 나를 마중 온 사람은 어디에서도 보이지 않았다. 도착한 승객들은 환영객과 얼싸안고 입맞춤을 한 후 서로 어깨를 보듬어 안고 갔다. 같은 비행기에서 내린 한국인들도 갈 길이 바쁜 듯 모두 떠나갔다. 방과 후 엄마의 마중을 받아 집으로 향하는 급우들을 부러워하며 쏟아지는 빗속에 혼자 서 있는 아이가 된 것 같았다.

주위를 둘러보며 마중 나온 사람들을 한 명씩 다시 점검해 보았다. 대합실은 운동장처럼 넓었고 그곳을 오가는 사람들은 거의 다 백인이어서 찐빵 가게의 하얀 찐빵처럼 구별이 안 되었다. 그럼 나는 보리 찐빵인 셈이네. 나는 혼자 피식 웃었다. 아무리 넓은 장소라도 동양인이 섞여 있다면 한눈에 잡아낼 수 있을 터였다. 한참 주위를 둘러봐도 보리 찐빵은 나 하나밖에 없었다.

나는 불안에 떨었다. 눈동자가 물기를 머금고 시야가 뽀얗게 흐려졌다. 아무도 만나지 못하면 어쩌나. 당장 갈 데가 없었다. 털보는 자기가 다 연락해 놓았으니 공항에 마중 온 사람을 따라가면 된다고 일러주었다. 그 사람을 만나지 못할 경우를 대비해 둘 겨를이 없었다. 주머니 속의 돈은 며칠 분 호텔 숙박비 밖에 되지 않을 터였다. 앞으로 헤쳐 나갈 날들은 어쩌면 지금까지 보다 훨씬 불안정할지 몰랐다.

삼십 분이 지났을 뿐인데 시장 바닥 마냥 시끌벅적하던 대합실은 도서관 열람실만큼 조용해졌다. 사람보다 더 무게가 나갈 듯 보이는 사냥개를 동반한 공항 경찰이 다가와 초라한 가방을 가리키며 그것이 내 수화물인지 확인하려 했다. 경찰은 자신의 수하물을 몸에서 멀리 떨어뜨려 놓아서는 안 된다고 주의를 촉구하는 눈빛으로 경고하고는 사라졌다. 나는 벽면에 놓인 벤치로 커다란 가방을 밀면서 다가가 털썩 앉아서 가방들을 무릎 앞으로 바짝 끌어당겼다. 벽에 몸을 기대고 잠시 숨을 고르며 마음을 다듬었다.

공항 대합실의 기다림은 첫 해외 여행의 충격을 소화해낼 완충지로써 제공된 것인지도 몰랐다. 멀리 떨어진 다른 공간을 넘나드는 일은 인간의 몸과 마음에 충격을 주는 사건일 터였다. 그러고 보니 내게는 전에도 새로운 환경에 적응하는 일이 남들보다 더 힘들었다. '낯선 장소, 낯선 사람'이라는 환경변화는 온 힘을 다해 발버둥 쳐야 극복하게 되는 과제였다. 어린 시절부터 그 과제는 악몽처럼 나를 짓눌러 왔다.

대합실

한 시간이 지나서야 대합실 저쪽에 제복을 입은 백인 남자가 나타났다. 그 남자는 내 쪽으로 조심스레 다가왔다. 나는 그 남자의 다가오는 모습을 뚫어지게 쳐다보았다. 거리가 가까워져서야 그 남자가 하얀 마분지를 가슴께에 들고 있다는 것을 발견했다.

마분지에는 내 이름이 굵고 반듯한 한글체로 적혀 있었다.

그동안 나는 털보가족의 얼굴만을 찾으려 했다. 메시지를 찾을 생각은 전혀 하지 못했다. 사람 얼굴만을 훑고 있다가 허를 찔리고 만 것이었다. 누군가를 기다려야 했던 거야 아니면 무언가를 기다려야 했던 거야. 일이 이렇게 어긋날 수도 있구나. 나는 자신의 경솔함을 숨기려는 듯 옷깃을 여몄다.

남자가 다가와 한참을 무어라 설명하는 듯했지만 나는 그 말을 거의 알아듣지 못했다. 그는 손에 든 봉투를 내밀면서 계속 무어라 떠들었다. 나는 그저 고개를 흔들어 보였다. 남자는 내가 독일어를 알아듣지 못한다는 것을 눈치채고 한숨을 내쉬었다. 남자는 자기의 신분증을 꺼내 흔들면서 내 여권을 보여 달라는 몸짓을 했다. 나는 문득 그 남자를 경계하며 단호히 고개를 내저었다. 우리 두 사람은 눈싸움하면서 시간을 흘려보냈다. 한참 지나서야 남자가 항복한다는 제스처를 하며 봉투 하나를 내밀고 그 자리에서 개봉해 읽어 보라는 몸짓을 했다.

"독일 땅에 발을 디딘 것을 축하합니다. 공항에 나가고 싶었지만 오늘 좀 바빠서 심부름꾼을 보냅니다. 힘들더라도 혼자 알아서 내 집으로 찾아오십시오. 공항 지하역에서 기차를 탄 후 F 중앙역과 M 역에서 갈아타고 T 역에 내려 택시 기사에게 내 주소를 보여주면 될 것입니다. 털보 동생 씀"

남자는 내가 편지를 다 읽기를 기다려 다른 봉투 하나를 내밀었다. T시까지의 기차표와 소액의 돈이 들어 있었다.

남자는 내 소맷부리를 요리조리 잡아끌더니 공항 지하의 열차 승강장에 데려다주고 열차 시간표를 가리켰다. 남자는 한참을 무어라 떠들었지만 나는 한 마디도 알아듣지 못했다. 남자는 나의 어리둥절해 하는 얼굴을 한참 쳐다보았다. 그러더니 남자는 결심한 듯 임무를 완수해 홀가분하다는 표정을 짓고는 총총히 사라졌다.

소통되지 않는 언어는 괴로움만 주었다. 가방 도둑을 만나지 않은 것만도 천만다행이라고 생각했다. 어차피 나는 혼자만의 길을 떠나왔으니까 지금 혼자라고 해서 불안해할 필요는 없었다.

한참 지나 플랫폼에 들어온 열차에 'F 중앙역행'이라는 글자를 알아보고는 먼저 가방을 얹고 자신도 올라탔다. 열차 승무원이 다가와 기차표를 확인하고는 손을 잡아끌어 지정석을 찾아 자리에 앉혀 주었다. 나는 승무원에게 'M 역'이 적힌 기차표를 가리키며 자신을 그곳에 내려달라고 손짓으로 요청했다. 승무원이 고개를 끄덕였다. 승무원이 내게 신경 써 줄 겨를이 있을 것 같지 않아 불안했다.

나는 차창 밖 신천지를 홀린 듯이 바라보았다. 그리고 기차에 올라탔다는 것만으로 큰일을 해낸 것이라고 자신을 대견해 했다.

환승

기차간은 시간이 정지한 듯했다. 나는 기차를 두 번 갈아타는 일 이외에는 아무것도 생각할 수 없었다. 첫 번째 갈아타야 할 역은 사람들로 몹시 붐볐다. 갈아탈 승강장 번호를 찾아내는 일이 쉽지 않았다. 표지판을 샅샅이 훑었지만 알 수 없었다. 사람들에게 기차표를 내밀며 몇 번 물어본 후에야 간신히 승강장을 찾아갔다. 그 기차로 한 시간 남짓 달린 후에 다시 내렸다. 두 번째 환승역은 아주 한가했다. 다른 기차와 바뀔 염려는 없었다.

나는 승강장으로 들어오는 기차에 올라타 있는 힘을 다해 짐을 끌어 올렸다. 과제를 완수했다는 성취감을 잠깐 맛보았다. 기차가 출발하는 굉음을 들으며 완전히 녹초가 된 몸을 바닥으로 내던지 듯 주저앉았다.

기차 내부는 육인용 객실(콤파트먼트)로 되어 있었다. 나는 빈 객실을 찾아 자리를 잡았다. 환승을 무사히 마쳤다는 안도감에 상체를 좌석 등받이로 제쳤다. 여덟 시간 시차 때문에 눈꺼풀을 처들 수 없을 정도로 잠이 쏟아졌다. 긴 의자에 쪼그리고 누워 깜빡 잠들었나 보았다. 문이 드르륵 열리며 승무원이 차표 검사를 하러 왔다.

나는 당황해서 벌떡 일어섰다. 육십 대로 보이는 승무원은 미안한 듯 손짓으로 앉으라고 했지만 나는 그대로 서서 차표를 내밀었다. 승무원은 차표를 점검한 후 바닥에 자빠진 가방을 바로 놓아 주었다.

"일본 아가씨 이군요."

그의 눈은 동양 여자에 대한 호기심으로 빛났다.

"아니요, 코리아에서 왔어요."

나는 무뚝뚝한 음성으로 대답했다. 하필 일본인으로 착각하다니.

"코리아라면 북쪽입니까? 남쪽입니까?"
"당연히 남한이지요."

나는 승무원이 남한과 북한을 동급으로 취급하는 것에 항의를 했지만, 그것이 아무 근거 없다는 것을 알고 스스로에게 화를 내고 있었다. 마음을 누그러뜨리려 애썼다. 북한 사람은 무엇하러 이 나라에 오는 것일까. 나와 같은 이유일까. 외국인이 한국의 분단 상황에 관심을 둔다는 사실만이라도 고맙게 받아들이려 미소를 보냈다. 승객의 복잡한 생각을 알 리 없는 승무원은 자랑스럽게 자기의 아는 바를 떠벌였다.

"코리아는 남북 간에 전쟁을 치른 국가이지요? 아직 전쟁이 아주 끝난 건 아니라면서요? 티브이에서 한국 전쟁에 관한 다큐 프로그램을 봤거든요. 그 많던 전쟁 고아는 지금 어떻게 되었나요?"

나의 가슴은 굵은 이불 바늘로 찔린 듯 따끔거렸다. 외국인이 우리나라에 관해 먼저 민족상잔의 전쟁부터 상기한다는 사실이 부끄럽기 짝이 없었다.

나는 문득 뒷자리의 어떤 한국 여성이 비행기에 데리고 탔던 아동 복지 재단의 미혼모 아기를 떠올렸다. 비행기에서 쉴 새 없이 우는 아기를 안고서 어떻게 어를지 몰라 쩔쩔맸었지. 아이를 양부모에게 건네고 아쉬워하며 떠나는 모습을 멀리서 바라보았던 게 다섯 시간 전이었다. 아기는 양부모 품에서 잘 지내고 있을까.

승무원은 내 심경 변화를 알아챈 듯 방해를 하지 않으려 했다.

"긴 여행에는 장사도 두 손 든다 합니다."

나는 다시 의자에 몸을 뉘었지만 잠이 오지는 않았다. 창밖을 내다보았다. 차창으로 보슬비가 달라붙고 있었다. 유월의 날씨 치고는 으슬으슬 추운 날씨였다. 미니스커트 밑으로 다리가 시렸다. 가방을 뒤져 스웨터를 꺼냈다. 반소매 블라우스 위에 스웨터를 걸치니 한기가 덜했다.

기차는 여러 마을을 스쳐 갔다. 주택 수십 채가 옹기종기 모여 있는 마을들이 화목해 보였다. 동네 중앙에 교회의 첨탑이 보였다. 푸른 숲에 둘러싸인 빨간 지붕들이 윤택한 생활 수준을 말해주고 있었다. 독일어 회화 책에 나오던 동화 나라의 모습 그대로였다.

독일의 아름다운 풍광은 잔혹한 전투를 망각하게 하였다. 세계 제2차 대전 중 파괴된 건물들은 라인 강의 기적 이후 대부분 복구되었다고 들었다. 가끔 새로 조성된 주거단지를 지나갔다. 도시계획에 따라 질서 정연하게 들어선 연립주택 단지들이었다. 오 층 건물들이 줄을 맞추어 서 있는 풍경은 벌판에 정렬된 벌통들을 연상시켰다. 하얀 외벽, 가지런한 창문, 그 안으로 비쳐 보이는 하얀 레이스커튼, 잘 가꾸어진 화단, 집집이 똑같았다.

한국 농촌의 모습이 대조적으로 떠올랐다. 새마을운동의 바람을 타고 고속도로변 집들은 모두 빨강, 초록 등 원색의 칠을 뒤집어쓴 양철지붕으로 바뀌긴 했지만, 길에서 조금 들어가면 초가집이 더 많았다. 시골에서는 힘든 농사일과 흙벽의 지저분한 토방을 벗어나기 힘든 시절이었다. 독일인이라는 이유만으로 우리보다 윤택한 생활을 누린다는 불평등한 세상이 억울하게 느껴졌다.

차창 밖 빽빽이 심어진 나무들 옆으로 잘 가꾸어진 초원이 촉촉한 녹색을 띠고 있었다. 양귀비가 풀밭에서 솟아올라 목을 길게 늘이고 있었다. 군데군데 양귀비꽃이 무리를 지어 빨갛게 피어 있었다. 여고 시절 화집에서 보던 풍경이 내 앞에 펼쳐져 있었다. 언덕 너머로 인상파 그림에서 보았던 양산 든 젊은 여자가 거니는 모습이 보였다. 양귀비의 하늘거리는 꽃잎이 여자를 유혹하고 있었다.

문득 양귀비꽃이 몽환적으로 다가왔다. 혹시 이곳에서 나는 갈피를 못 잡고 휘청거리며 헤매게 되지나 않을까. 벌판에 내몰린 자신의 운명이 안타깝게 다가왔다.

유학을
꿈꾸다

유학을 꿈꾸다

제2장 낯선 도시에 찾아들다

Come to a strange city

제2장 낯선 도시에 찾아들다

소시지

T시 중앙역에 도착한 순간 나는 안도의 한숨을 내 쉬었다. 혼자서 목적지에 찾아온 것이 대견했다. 여덟 시간의 시차 때문에 역사 바닥에 드러눕고 싶을 정도로 지쳐 있었다. 역사의 뻐꾸기 시계에서 뻐꾸기가 세 번 들락날락하는 모습을 넋 놓고 바라보았다. 혹시라도 누군가가 마중 나와 있지 않을까 하는 기대를 가지고 역 건물 구석구석을 돌아보았지만 나를 기다리는 사람은 아무도 없었다. 낯선 도시에서의 막막한 심정이 잠시나마 요행을 꿈꾸게 했다고 하고 피식 웃었다.

기차간에서 내 옆에 앉았던 서양 여자는 내리자마자 만면에 웃음을 띠고 달려갔다. 그녀는 역에 마중 나온 남자와 포옹을 하더니 진한 키스를 하며 오래도록 서로의 몸을 더듬었다. 옆에 서있는 나의 존재를 전혀 의식하지 않았다. 나는 이곳의 풍습에 진저리를 쳤다. 벌건 대낮에 온갖 사람들이 쳐다보는 기차역에서 저런 음란한 짓거리를 하다니. 그런 일은 집에 가서 하면 될 것이었다. 아무도 만나지 못해 속상한 기분 때문인지 화가 치밀었다. 괜히 그쪽을 흘낏거리며 못마땅한 표정을 지었다. 그들은 나의 불만스런 시선을 의식하고 가운뎃손가락을 쳐들며 욕지거리를 퍼붓고는 역사를 빠져나가 주차해둔 자동차에 올라탔다. 나는 기차역으로부터 미끄러지듯 사라지는 자동차를 흘겨보았다.

역사에서 나오니 어디로 가야 할지 막막했다. 커다란 트렁크를 두 개나 끌고 걸어가야 할 일이 엄두가 나지 않았다. 택시가 다가왔다. 주소를 적은 쪽지를 운전 기사에게 보여주었다. 아랍인 기사는 고개를 끄덕이며 알았으니 얼른 올라타라고 했다. 택시 기사가 목적지에 도착하여 현관 앞에 짐을 내려주었다.

현관의 주소 팻말과 쪽지를 대조해 보았다. 다행히 둘은 일치했다. 건물 입구에 털보 동생의 이름이 적힌 초인종을 발견했을 때 반가워서 단추를 누르는 손이 떨렸다. 벨 소리를 들었는지 못 들었는지 한참을 지나도 기척이 없었다. 털보 동생은 집에 없었다. 현관의 초인종을 아무리 눌러도 아무 기척이 없었다. 나는 맥이 쑥 빠졌다.

대책 없이 밖에 서 있는데 현관으로 어떤 여자가 나오려는 것이 보였다. 나는 그곳으로 얼른 다가가서 그녀가 연 문으로 쏙 들어갔다. 그녀는 이상하다는 듯이 날 돌아보았지만 갈 길이 바쁜 듯 큰길로 뛰어갔다.

쪽지에 적힌 대로 오층으로 올라가 보았다. 옆방 사람이 문 옆의 메모지를 가리키며 지나갔다.

"여행 중이라 사흘 후에나 집에 들르게 될 것입니다. 일 층 주인 아주머니에게서 열쇠를 받아 오십시오. 사흘 동안 내 집에서 편히 지내십시오."

방은 작았지만 한쪽 벽에는 침대와 책상이 아담하게 놓여 있었고 다른 쪽 벽에는 식탁과 작은 전기 조리기가 설치되어 편리해 보였다. 작은 욕실이 딸려 있어 부족한 것이 없어 보였다. 방안은 깨끗했고 가구는 소박했다. 물건들은 잘 정돈되었고 흐트러진 것이라고는 하나도 보이지 않았다. 다락방이어서 한쪽 천장이 사선으로 내려앉아 있는데 창문으로 오밀조밀 붙어 있는 주홍색 지붕들이 내다보여 전망도 좋았다.

가방들을 오층 다락방으로 끌어올렸다. 수도꼭지에서 물 한 잔을 들이킨 후 소파에 누워 정신없이 잠에 빠져들었다.

한숨 자고 일어나서 창밖을 내다보았다. 밖에는 보슬비가 내리고 있었다. 구시가지의 뾰족한 지붕들이 오밀조밀 아름답게 이어져 있었다. 여기가 독일이구나. 이곳을 찾아오기까지 극도로 긴장했던 마음이 누그러들었다. 천천히 가슴에 활기가 차올랐다. 몹시 배가 고팠다. 비행기에서 내린 이후 아무것도 먹지 않았다. 그 방에 있는 작은 냉장고는 깨끗이 비어 있었다. 책상 위에도 과자 하나 보이지 않았다.

나는 거리를 무작정 걸었다. T시는 독일 남서부 오랜 도시답게 중세풍을 띠고 있었다. 옛 시가지를 거닐며 오백여 년 전으로 거슬러 간 것 같은 환상에 빠졌다. 하얀 벽에 짙은 색 나무 기둥이 가로, 세로, 대각선으로 박혀 있는 벽면은 이 지방 특유의 건축양식으로 목가적인 인상을 주었다. 골목골목마다 가게 유리창 앞에 아름다운 디자인의 상품이 예쁘게 진열되어 있었다. 상품들은 이 도시 사람들의 풍족한 생활을 짐작게 했다. 나는 진열장이 주는 아기자기한 구경거리에 배고픔도 잠시 잊었다.

중앙광장 앞 시청 건물과 분수 앞에 사람들이 많이 모여 있었다. 사람들은 맥주를 마시며 여름 저녁나절을 떠들썩하게 즐기고 있었다. 광장에 펼쳐진 노점들은 농부들이 직접 만든 소시지와 치즈를 팔고 있었다. 거리시장의 모습은 작은 도시의 정겨움을 여실히 보여주고 있었다. 이 사람들은 생활의 편리함을 추구하면서도 전통적 생활 양식을 보존하고 있었다.

사람들의 행복한 모습을 보며 내 마음은 외로움에 젖어갔다. 나는 구시가의 골목을 샅샅이 뒤지면서 어디 따뜻한 밥 먹을 데가 없을까 하고 주위를 기웃 거렸다. 식당 앞에 내다 걸은 메뉴판은 고서체로 쓰여져 읽을 수가 없었다. 나는 메뉴판의 알 수 없는 요리 이름 뒤에 붙은 알파벳 숫자의 가격을 보고 놀랐다. 나의 주머니 사정이 몹시 나쁘다는 것에 생각이 미쳤다. 레스토랑에서의 식사 같은 호사는 내게 허락되지 않았다. 어차피 서양인들로 시끌벅적한 레스토랑에 혼자 들어가기가 무서웠던 터였다고 스스로 위로했다. 나는 그 골목을 얼른 벗어났다. 나는 식사를 포기하고 구시가지의 중심을 벗어나 계속 걸었다. 길가의 포장마차에서 소시지가 끼워진 빵을 팔고 있었다. 소시지 빵을 사 들고 그것을 먹을 만한 장소를 찾아 걸었다.

작은 언덕 위에는 중세에 건축된 고딕양식의 성당과 그 뒤로 영주가 살던 고성의 대문이 누구든지 들어갈 수 있게 열려 있었다. 그 성 아래쪽으로 강물이 흐르고 강 가운데 있는 섬에서는 사람들이 휴식을 취하고 있었다. 아름다운 강은 나를 손짓해 부르는 듯 했다.

강을 따라 노 젓는 배가 꼬리를 물고 가고 있었다. 한참을 걸어가니 강폭이 넓은 장소로 나왔다. 강은 뚱뚱한 이모의 큼직한 팔처럼 나를 품에 안았다. 주위가 조금씩 어두워져 갔다.

강기슭을 따라 걷다 보니 초라한 탑 하나가 서 있는 것이 눈에 띠었다. 표지판에 '횔더린탑'이라고 쓰여 있었다. 내가 좋아하는 시인이었다. 나는 팻말에 쓰인 글을 노트에 옮겨 적었다.

“휄더린은 말년에 정신적으로 불안해 져서 그 탑 안에 갇혀 지내다가 그의 마지막 시를 벽면에 손톱으로 새겨 놓고 죽었다.”

탑 앞의 벤치에 앉아 빵 봉지를 뜯었다. 주위가 조금씩 어두워져 갔다. 휄더린의 혼백이 강을 떠돌 것 같아 으스스 몸이 떨렸다. 나는 서둘러 봉지에서 빵을 꺼냈다. 막 입에 대고 먹으려는데 소시지가 미끈거리며 빠져나와 땅바닥으로 떨어졌다. 소시지를 한참 노려보았지만, 흙이 기름진 표면에 잔뜩 묻어있어 어쩔 수 없었다. 맨 빵을 씹으며 자신의 불운이 작은 일로 끝나기를 기원했다.

그때 저만치서 키가 크고 어깨가 벌어진 남자 다섯 명이 저희들끼리 지껄이면서 걸어왔다. 그들은 나에게 손가락질을 하면서 낄낄거리며 다가왔다. 어두운 강변에서 검은 나무들을 배경으로 한 남자들의 무리는 귀신의 행렬같이 보였다. 저들이 맘만 먹으면 이런 호젓한 곳에서 말 못하는 외국인 처녀 하나쯤 결딴내는 것은 휘파람 부는 일만큼이나 신나고 간단한 일 일 터였다.

나는 먹던 빵을 급히 봉지에 집어넣고 냅다 달렸다. 헉헉거리며 계단을 올라 한참을 뛰니 불이 환한 상가 거리가 나왔다. 뒤를 돌아보았다. 그 거인들은 보이지 않았다. 나는 거인의 나라에 불시착한 힘없는 소인으로서의 운명을 절감했다.

인기 오빠

낯선 도시에 도착했을 때 절기로는 여름이었다. 하지만 날씨는 한국의 여름과 사뭇 달랐다. 맑은 날에는 그런대로 따뜻한 햇볕이 쪼였지만 그런 날도 저녁이 되면 무척 쌀쌀해졌다. 잔뜩 흐리거나 비가 부슬부슬 내리는 날이 허다했다. 거리의 사람들은 여름에도 가죽 잠바나 긴 코트를 입고 다녔다. 난 그런 것도 모르고 얇은 옷만 수화물에 넣어 왔다. 달력상 여름이라는 사실에 푹 마음을 놓았던 것이 실수였다. 그해는 여름이라고 믿기지 않을 정도로 추운 날이 계속되었다. 어쩌면 객지라서 더 춥게 느껴졌을 것이다. 어쨌든 추위는 사람을 무척이나 외롭게 만들었다.

사흘 간의 적응 기간은 후딱 지나갔다. 털보 동생 집에서 지냈던 사흘 동안 여덟 시간의 시차를 어느 정도 극복했다. 처음에는 물정 모르고 방주인이 비운 것을 야박하게 생각했다. 하지만 방주인이 없는 휴식처는 먼 나라에서 온 손님을 어떤 여관보다 편안하게 맞았다. 안락한 휴식 기간이 끝나고 가방을 꾸릴 때 나는 다시 먼 길 떠나는 방랑객같이 외로웠다. 나는 털보 동생이 여행에서 돌아온다는 날 아침 일찍 그 집을 나왔다.

다음으로 이 도시에서 도움을 청할 사람이 또 한 명 있었다. 여러 사람 중에 고르고 말고 할 것도 없었다. 그는 이 도시에 내가 아는 유일한 고향 사람이었고 대학에서 연구원으로 일하고 있다고 들었다.

인기 오빠의 주소는 털보에게 물어서 얻었다. 허물없이 신세를 질만큼 가까운 사이는 아니었지만, 독일에 아는 사람도 없고 해서 인기 오빠에게 독일 사정을 묻는 편지를 띄워 보았다. 내가 필요로 한다면 어떤 일이라도 기꺼이 도와주겠다는 친절한 답장을 받고 나는 다행이다 싶으면서도 다른 한편 의아해했었다. 왜 나한테 이렇게 친절히 해주려는 것인지 미심쩍었다. 달리 의지할 데가 없었던 나는 인기 오빠가 다른 흑심을 가진 것은 아닐 것이라는 믿음을 가지려고 노력했다.

한 달 전 독일 문화원에서 인기 오빠를 우연히 만났다. 수업이 끝나고 막 나가려는 참이었다. 문밖에 서있던 남자가 쏜살같이 들어와 털보의 어깨를 치며 오랜만이라며 인사를 건넸다. 어디선가 들었던 목소리였다. 목소리의 주인을 알기 위해 그의 얼굴을 쳐다봤을 때 나의 가슴은 콩닥콩닥 뛰었다.

여고 시절 문예반 특별활동(HR) 선생님이었다. 그리고 인기 오빠는 나에게 난생처음 연극을 볼 수 있게 해준 사람이었다.

고등학교 이 학년의 문예반은 인기 없는 동아리였다. 대부분 학생들은 시류에 휩쓸려 영어 회화반, 같은 인기 동아리에 몰려갔다. 여섯 명이 모인 동아리방에 온 선생님은 아직 어린 티가 역력했다. 선생님은 뒷머리를 긁적이면서 말했다.

"사실 나는 아직 교생 자격이 없어. 대학교 일 학년에 재학 중이거든. 선생님 대신 오빠라고 부르는 편이 나을 거야."

그는 고대 그리스의 연극을 공부하고 있다고 말했다. 우리는 연극을 한 번도 본 적이 없었기 때문에 그의 말에 어리둥절해 했다. 그 전까지의 문예반 활동이라고는 선생님이 지정해 준 외국 명작 소설을 몇 권 읽고 독후감을 적어낸 것뿐이었다. 우리는 연극이라든가 희곡이라든가 하는 것은 전혀 알지 못했다. 그는 문학의 진수는 연극에 있다고 강변했다. 영국에서 제일 훌륭한 작가로서 셰익스피어를 드는 것만 보아도 희곡이 얼마나 중요한 문학 장르인지 알 수 있다고 부연하여 설명해주었다. 그는 고개를 갸우뚱했던 우리에게 곧 있을 연극 공연에 초대할 터이니 한 번 그 묘미를 감상해 보라고 했다.

인기 오빠는 다음 주에 연극 표를 가져다가 우리 모두에게 나누어 주었다. 처음에는 허풍쟁이로 보였었는데 알고 보니 그는 약속을 지키는 남자였다. 우리는 연극 관람을 앞두고 흥분과 기대에 휩싸여 지냈다.

드디어 토요일 오후, 문예반은 단체로 인기 오빠네 학교에서 하는 연극 관람을 갔다. 우리는 대학생처럼 보이기 위해 사복을 하기로 했다.

그날 연극은 소포클레스 원작의 <엘렉트라>이었다. 대사가 너무 어려웠고 등장인물 사이의 관계가 매우 꼬여 있어 무슨 이야기인지 정확하게 알 수 없었다. 분위기로 대강 왕실 가족 사이의 갈등을 다룬 비극이라는 것을 짐작했다. 나중에 줄거리를 읽고서야 아하하고 무대 장면들을 이해할 수 있었다. 아가멤논 왕의 딸인 엘렉트라는 아버지를 몹시 사랑하였다. 불같은 성격의 엘렉트라는 어머니(클리타임네스트라)에 대해 강한 증오를 드러낸다. 엘렉트라는 결국 아버지를 살해한 어머니에게 복수하게 된다.

나는 평소에는 감히 앉아 볼 수 없는 일 층 앞 좌석에 앉게 되어 무척 기뻤다. 배우들 표정이나 동작이 낱낱이 보여 그들이 내뿜는 열기에 고스란히 빨려들었다. 나는 인기 오빠가 배우로 출연할 것이라고 믿었다. 남자 배우들의 얼굴을 보며 그들의 분장을 벗기면 인기 오빠의 얼굴로 변할지 한 명씩 대조해 보았다. 하지만 연극이 다 끝나도록 인기 오빠와 비슷한 배우를 한 명도 찾지 못해 실망했다.

공연이 끝난 후 인기 오빠가 우리 앞에 나타났다. 분장을 전혀 하지 않은 얼굴이었다. 그는 우리들의 기대를 눈치챘다는 듯이 겸연쩍어하는 얼굴로 말했다.

"나는 너희들이 상상하는 그런 대단한 사람 아니야. 그저 대본 담당에 지나지 않아."

문예반 친구들은 인기 오빠가 권하는 대로 뒤풀이 모임에 참석하기 위해 우르르 근처 음식점으로 걸어갔다. 우리는 그곳에서 배우들을 만날 수 있을 것이라는 기대를 살그머니 품고 있었다.

문예반 친구들은 사람들의 눈에 띄지 않는 구석에 놓인 테이블을 차지했다. 우리는 콜라 잔을 앞에 놓고 배우들이 오기를 숨죽이며 기다리고 있었다. 기다리는 잠깐 동안 나는 상상의 달콤함에 빠졌다. 여배우들은 긴 드레스를 입고 다이아몬드 목걸이를 하고 오겠지. 남자 배우들은 검은 턱시도 정장에 나비 넥타이를 메고 올 것이야. 그들은 우리 서민과는 다른 하이 소사이어티를 구성하고 그들만의 멋진 인생을 즐길 거라고 믿었다.

조금 후에 낡은 청바지와 검은 작업복 상의를 걸친 한 무더기의 사람들이 들어왔다. 그들은 음식점 한구석에 마련된 무대로 다가갔다. 연출가의 인사말에 이어 참석한 배우들의 소개가 있었다. 그들이 아까 그 무대의 배우들이었다. 그들은 매우 초라해 보였다. 인사를 마친 후 배우들은 테이블을 잡고 식사를 시작했다. 배우들은 식사가 나오자마자 국그릇에 밥을 그릇째 쏟더니 허겁지겁 숟가락을 놀리고 있었다.

인기 오빠가 우리에게 다가와서 집에 갈 시간이라고 말해 주었다. 그는 우리를 버스 정류장까지 데려다주겠다고 했다. 인기 오빠가 내 옆에 서서 나란히 걷고 있었다. 그는 중키에 다부진 몸매를 하고 있었다. 어디서나 빈틈을 보이지 않을 것 같은 느낌을 주었다. 그는 나의 어깨를 툭 쳤다.

"어땠어? 연극은 볼만하던가?"
"네, 아주 좋았어요. 끝나지 않고 한없이 이어진다면 얼마나 좋을까요."
"연극을 공부하면 평생 연극 속에서 살 수 있을 거야."

인기 오빠가 연극에 빠진 것이 아주 잘 이해되었다. 적어도 연극을 보는 동안은 황홀한 몰입으로 시간 가는 줄을 몰랐다. 시대를 거슬러서 과거의 왕국으로 돌아갔고, 여주인공의 고뇌를 함께 겪었다. 무대 위에서 펼쳐지는 가상의 세계에 완전히 빠질 수 있었다. 단조로운 학교 생활에서 벗어날 수 있었고, 잔소리 가득한 가정 환경과 다른 시공간을 떠다닐 수 있었다. 하지만 연극이 끝나자 현실은 엄연히 그곳에 기다리고 있었다. 무대에서 내려온 배우들의 모습은 나의 꿈을 깨게 했다. 나는 뒤풀이에서 연출될 화려한 사교 모임을 구경해 보고 싶다는 공상에 빠졌던 자신이 부끄러웠다.

칠 년의 세월이 흘러간 그때에도 인기 오빠는 무대와 현실 사이를 오가며 사는 듯했다. 인기 오빠가 대학가에서 유명한 연출가라는 사실은 알 만한 사람에게 익히 알려져 있다. 독일 문화원에서 마주친 그의 모습은 영락없는 거지 모습이었다. 하지만 털보와 얘기하는 그의 목소리는 건물이 떠나갈 듯 카랑카랑하게 울렸다.

신세

나는 인기 오빠의 주소가 적힌 쪽지를 들고 물어물어 그의 기숙사를 찾아갔다. 하필 인기 오빠는 집에 없었다. 관리인이 내 커다란 가방을 한참 쳐다보더니 인기 오빠의 방문을 열어 주었다. 책상 위에는 여러 권의 책들이 펼쳐진 채 겹쳐져 있었고 의자에는 벗어 놓은 옷가지들이 첩첩이 걸쳐져 있었다. 침대 시트도 마구 구겨져 있어 언제 바꾸었는지 까마득해 보였다. 나는 침대 위에 내 옷가지들을 얹어 놓고 그 위에 누웠다.

인기 오빠는 다음 날 아침 일찍 집으로 돌아왔다. 그가 막 방문을 열려고 했을 때 관리인이 그의 손을 잡고 말렸다. 방문객이 있다는 말을 들은 그는 방문을 똑똑 두드리고 기다렸다. 나는 그 소리가 꿈인지 현실인지 구분하지 못한 채 누워있었다. 잠시 후 열쇠로 문을 열고 들이닥치는 인기 오빠를 보고서야 벌떡 일어났다. 나는 미처 옷깃을 여미지도 못한 채 그를 맞았다.

"이게 누구야? 정말 왔네. 제대로 찾아오지 못할까 봐 얼마나 걱정했는데. 하여간 무사히 도착했으니 됐어!"

"인기 오빠, 사람을 이렇게 당황하게 하면 어떻게 해요."

"기습당했을 때 상대의 참된 모습을 볼 수 있는 것 아닌가. 하하, 미안. 밤차를 타고 왔어. 외출하기 전에 만나 보려고 서둘렀지."

나는 이야기를 이어 가지 못하고 의자에 주저앉았다. 목이 메어서 말이 나오지 않았다. 인기 오빠는 내 등을 두드려 주었다. 관리인이 식권을 내밀면서 식당에서 약혼녀와 함께 식사하라고 권했다. 인기 오빠는 그 호의에 무척 당황스러운 표정을 지었다.

"고국에서 약혼녀가 왔으니 얼마나 기쁘시겠어요."

관리인의 말에 나는 화들짝 놀랐다. 그런 오해 때문에 어젯밤 선선히 방문을 열어 주었다는 것을 알았다. 그 오해를 풀려면 얼른 이곳을 떠나 다시는 들르지 말아야 되겠다고 생각했다.

식사를 마치자마자 인기 오빠에게 부동산 중개업소에 데려다 달라고 부탁했다. 나는 인기 오빠의 안내를 받으며 셋집을 구하러 돌아다녔다. 당장 입주할 수 있는 집은 찾을 수가 없었다. 게다가 이 도시의 방세는 내 예상보다 훨씬 비쌌다.

"어떻게 하면 인기 오빠 같이 좋은 방을 얻을 수 있어요?"

"처음부터 크게 기대하지 마. 이곳은 방 사정이 매우 나쁘거든. 나도 두 달이나 찾아다니다가 간신히 얻었어. 다행히 방은 마음에 들지만, 월세가 너무 부담스러워."

인기 오빠는 자기가 근무하는 대학에 기숙사를 배정해 주는 직원을 만나보자고 했다. 직원은 내가 학생인 줄 알았는가 보았다. 새 학기가 시작되고 나서야 방을 찾기 시작하면 어떻게 하느냐고 질책부터 했다. 그러더니 내게 자동차가 있냐고 물었다. 나는 내심 그 질문을 이상하게 생각하며 고개를 흔들었다. 독일 학생들은 자동차를 가지고 통학하는가 보았다. 직원은 신청자가 잔뜩 밀려 있으니 신청서를 작성하고 돌아가서 기다리라고 냉정하게 말했다.

해가 지고 있었다. 나는 어디로 갈지 막막했다.

인기 오빠가 무심한 목소리로 제안했다.

"당분간 내 방에 있어도 되는데."

나는 그 말이 너무 달콤하게 들려 하마터면 그 제안을 받을 뻔했다. 하지만 곧 관리인의 의미심장한 미소가 떠올랐다.

"고마워요! 하지만 남자랑 방을 같이 쓸 수는 없잖아요."

나의 톡 쏘는 말투에 인기 오빠는 머쓱해 하면서 입을 다물고 한참 있었다. 잠시 후 인기 오빠는 임시로 묵을 만한 곳을 생각해 냈다고 했다. 그는 대학 기숙사로 발길을 돌렸다.

"아까 직원이 방이 하나도 없다고 했잖아요."
"방문객용 객실에 며칠 묵을 수는 있을 거야. 그곳 관리인을 잘 알거든."

학생을 만나러 온 부모들이 묵는 방이 몇 개 준비되어 있다고 했다. 길어야 일주일밖에 묵을 수 없다고 했다.

인기 오빠의 집에서 가방을 가지고 나오면서 나는 일부러 관리인을 찾아 작별 인사를 했다. 우리는 택시를 타고 기숙사로 왔다. 인기 오빠는 일주일 방세를 선지급하고 열쇠 받는 일을 도와주고 돌아갔다.

"도움이 필요하면 또 연락해!"

인기 오빠의 뒷모습이 사라졌다. 나는 철제 침대와 책상이 전부인 텅 빈 방에 들어섰다. 임시 거처이지만 나만의 공간이 생기니 마음이 깨끗이 비워졌다. 가슴에 묵직하게 걸려 있던 근심이 희미해지고 있었다.

문을 열고 난간에 나왔다. 숲속에 지어진 건물이라 바람이 꽤 셌다. 멀리 시가지에 촘촘히 이어진 주거지 군락이 보였다. 건물마다 방방이 켜져있는 불빛을 물끄러미 바라보았다. 저렇게 방이 많은데 왜 내가 거처할 방은 한 칸도 없는 걸까.

춥고 배고프니 몸이 오그라드는 느낌이었다. 매점에서 빵과 우유를 사다 먹고 나니 졸음이 쏟아졌다. 잠에 빠져들며 나는 이 도시에 온 목적을 상기하였다.

이곳에서는 과거의 나쁜 기억들을 가을 낙엽처럼 훌훌 떨쳐낼 수 있을 것이다. 새로운 도시에 왔으니 이젠 이 도시의 일들만 기억으로 간직해야겠다.

전에 살던 도시에서 배운 것이 있었다. 가난한 여자가 타인의 도움을 받고 나면 매우 비싼 값으로 신세를 갚게 된다는 것이다.

객지에서 처음 도움을 청하는 사람은 신중히 골라야 한다. 그 사람 없이도 살 만해지면 그때에는 그 도시에 적응하게 된 것이다. 그때부터는 그 사람에게 의존해서는 안 된다. 새 생활에 적응하고 나면 처음의 은인이 제일 부담스러워진다. 처음 도와준 사람의 인격이 드러나는 것은 그때부터이다. 잘못하면 그 은인의 손아귀에서 영영 벗어나지 못하게 될 수도 있다. 은혜를 모른다고 앙심을 품고 화를 끼치려는 사람도 있다.

나는 다음날부터 방을 찾으러 발이 부르트도록 돌아다녔다. 혼자서 이곳 생활에 적응할 일이 까마득해 보이지만 이제부터는 혼자 헤쳐 나가야 되겠다. 인기 오빠에게 도움을 부탁하고 싶은 생각이 굴뚝같았지만, 꾹 참았다. 이제 그에게 더 신세를 지지 않겠다고 결심했다. 셋방을 찾게 되면 우선 인기 오빠에게 작은 선물이라도 해야겠다.

S 언니

다음 날 저녁 노크 소리에 잠을 깼다. 그날도 시차 때문에 낮잠에서 헤어 나오지 못하고 있었다. 시차를 극복한 줄 알았는데 그게 만만치 않았다. 오후에 방에 돌아와서 침대에 눕자마자 바로 잠속으로 떨어졌다. 노크 소리가 또 났다. 옷매무새를 다듬으며 방문의 열쇠를 돌렸다. 문밖에는 뜻밖에 한국 여성이 서 있었다.

"나 인희야. 오랜만이야. 그동안 나 많이 변했지?"

인희를 마지막으로 본 것이 몇 년 전인가 잘 생각나지 않았다. 인희는 학창 시절이나 마찬가지로 키가 컸고 당당했다.

"오빠한테서 네가 왔다는 소식 듣자마자 찾아온 거야."

"그럼 네가 인기 오빠의 동생인 거야?"

"응, 사촌 동생."

인기 오빠가 자기 여동생이 인희라는 사실을 귀띔해 주었더라면 그에게 신세를 지기로 마음먹기까지 한참 고민할 필요가 없었을 터였다.

인기 오빠의 친절에 부담을 가질 필요가 없다는 사실이 마음을 편안히 해주었다.

인희는 T시 대학 병원에서 간호사로 일한 지 몇 년 되었다고 했다. 처음 취직할 때 받았던 취업 비자 기한이 만료되어 다시 비자를 받는 절차를 거치려고 한국에 잠시 다녀오는 길이라고 했다.

"독일 생활에서 모르는 것이 있으면 무엇이든 내게 물어. 아니 네가 묻기 전에 내가 필요한 것들을 챙겨줄게. 걱정 마!"

인희와 나는 중학교 때부터 친구였다. 중학교 일 학년 때 우리는 같은 반을 했었다. 나는 키가 작아 교실 맨 앞줄에 앉았고 인희는 맨 뒷줄에 앉았다. 게다가 나는 인희보다 두 살 적었다.

나는 키 큰 애들이 두려워서 감히 뒤돌아보지 못했다. 그저 선생님과 칠판만 바라보았다. 마지막 시간인 국어 수업 중에 뒤에 앉은 학생이 작게 접은 편지를 건네주었다. 선생님 바로 앞에 앉은 나는 그 편지를 받고 깜짝 놀라 바로 책상 서랍에 던져두었다. 수업 종료의 종이 울리자 뒷줄 키 큰 학생이 내게 다가왔다.

"편지를 받았으면 답장을 해야 할 것 아니야."

그제야 난 당황해서 편지를 꺼내 읽었다.

"너와 우정 이상의 진한 관계를 맺고 싶다. 나의 S 동생이 되어 줄 것을 제안한다. 김인희 올림"

난 그것이 말로만 듣던 여학생 사이의 자매 결합이라는 것을 눈치 채고 당황했다. 집에서 나는 언니랑 여동생이랑 셋이서 한 방에서 지내고 있었다. 더 이상의 자매는 필요 없다고 생각했다. 답장을 하지 않은 채 바로 집으로 갔다.

언니에게 그 편지를 보였더니 까르르 웃었다.

"너도 이제 사춘기에 접어들었구나. 사랑을 고백하는 편지를 받았네. 좋겠다."
"뭐가 좋아. 여학생끼리 무슨 연애하는 것도 아니고."
"그런 일이란 게 뭐 본격적으로 이성 교제를 시작하기 전에 흔히 일어나는 일이야."

난 책상에 앉아 거절의 편지를 쓰기 시작했다. 언니가 다가와 편지 내용을 읽더니 깜짝 놀라서 말렸다. 거절했다가는 학창 시절 내내 괴롭힘을 당할 것이라고 했다. 나는 다시 언니가 시키는 대로 편지를 썼다.

"너를 S 언니로 삼아 진심으로 모실 것을 맹세한다."

다음 날, 교실의 내 책상 위에는 분홍 장미 꽃다발이 놓여 있었다. 나는 아직 답장을 전달하기 전이라 그 꽃다발을 보고 무척 놀랐다. 그때 인희가 다가와 내 어깨를 툭 치며 말했다.

"뭐 답장을 읽어 볼 필요도 없이 알았어. 너의 눈빛이 나를 간절히 원하고 있었으니까."

나는 진심은 그다지 원하지 않았다는 말을 입속으로 중얼거렸다. 어쨌든 인희는 사람을 압도하는 힘을 갖고 있었다.

그 사건 이후 나는 학교에서 인희에 의해 철저히 보호받는 혜택을 입고 지냈다. 하지만 나는 하루라도 빨리 인희에게서 벗어나기를 고대했다. 내가 고등학교를 다른 학교로 가게 된 것은 그런

면에서 다행이었다. 인희는 고등학교 시절에도 가끔 나를 찾기는 했지만, 전처럼 무작정 다가오지는 않았다. 인희가 간호 대학에 합격해서 기숙사 생활을 한 덕분에 나에게 내줄 시간이 없어지게 된 것은 천만다행이었다. 우린 그것을 계기로 연락을 끊고 지냈다. 그사이에 우리는 아주 많이 변했다. 그러면서 가끔 인희를 그리워하긴 했지만, 우리가 다시 하나의 세계에서 숨을 쉬게 될 줄은 몰랐다.

T시에서 우리가 다시 만난 날부터 인희는 다시 내 생활을 지배하기 시작할 기세로 가까이 다가왔다. 오랜 친구를 타향에서 만났다는 반가움도 잠시였다. 이제부터 다시 인희의 통제를 받을 생각을 하니 머리가 무거웠다. 하지만 나는 이곳에서 무력하고 나약했다. 누군가의 보호가 필요한 상황이었다. 인희가 나보다 생활력이 강한 것은 사실이지만 나의 수호 천사 역할을 맡을 적임자인지 의심이 들었다. 인희는 그 틈새를 잘 알고 비집고 들어왔다. 인희와 나는 운명의 끈으로 엉켜 있는 것 같이 느껴졌다. 악연이 아니길 빌었다.

삼층집

T시에서 이집 저집 떠돌이 생활을 하면서 일주일을 허송세월로 흘려보냈다. 정해진 것 없이 날짜만 자꾸 흘러가 몹시 초조했다. 아침부터 부동산 중개업소를 찾았지만 열 시부터 연다는 안내판이 걸려 있었다. 열 시에 다시 들렀더니 내가 찾는 가격의 방은 하나도 없다고 했다. 간신히 다른 중개업소의 위치를 알아내어 찾아갔더니 12시 15분 전이었다. 조금 있으면 12시부터 두 시 반까지 점심 시간이니 그 후에 다시 들리라고 했다.

그 사이에 뭘 좀 먹으려고 식품점에 들렀더니 그 가게도 역시 점심 시간 팻말을 달고 잠겨 있었다. 나는 뒤돌아 가면서 혀를 찼다. 가게를 열고 장사하는 사람이 이렇게 쉬는 시간이 길어서야. 그런 정신 상태로 언제 돈을 버나. 새벽부터 자정까지 가게 문을 열어두는 우리 동네 상인들이 떠올랐다. 레스토랑에는 갈 처지가 못 되니, 먹을 것을 사지 못해 또 한 끼 굶게 생겼다.

숙소로 돌아오는 마음이 처량했다. 멀리서부터 현관 앞에서 기다리는 인희의 원피스가 보였다. 그녀를 보자 무슨 수가 생길 듯 희망이 일었다. 인희는 내 처진 어깨를 보자마자 사정을 짐작했다.

"아침에 돌아다닌 일이 잘 안 풀렸는가 봐?"

"무슨 복덕방이 점심 시간이 두 시간 반이 되냐. 복덕방은 그렇다고 치자. 식품점이 점심 시간에 두 시간이나 닫는 건 도무지 이해가 안 돼."

"매사를 한국과 비교하는 습관을 지니면 적응하기만 힘들어져. 이제 한국은 잊어버려!"

"달라도 너무 다르니까 하는 말이지."

"점심 안 먹었지. 나랑 대학 병원 구내 식당에 가서 먹자."

"비싸지 않아?"

"가게에서 빵 사 먹는 것보다 싸니까 안심하고 가도 돼."

인희는 맛보다 가격에 더 신경 쓰는 내가 안쓰럽다는 표정을 지었다.

그 식당은 오 분도 채 되지 않는 거리에 있었다.

"이렇게 가까운 데에 구내 식당이 있었구나. 알았으면 어제부터 굶지 않았을 텐데."

"식당이 여러 군데 있으니까 잘 알아 두었다가 어디를 가든 끼니를 거르지 않도록 해!"

인희는 내가 먹을 만한 것을 골라주었다. 뜨끈한 채소 찌개(아인 토프 게뮈제)는 된장 빠진 된장찌개 맛이 나서 몸에 온기를 돌게 해 주었다. 길고 끈기없는 쌀밥을 채소찌개에 말아 먹으니 그런대로 먹을 만했다.

"김치만 있으면 최고겠다."

나는 만족스럽다는 말을 그렇게 표현했지만, 인희는 얼른 일어나 또 한 접시 요리를 들고 왔다.

"밥하고 찌개만 있어도 과분한 식단인데. 뭘 또 가져왔어!"
"이게 신 양배추 찜이니까 김치찌개하고 아주 비슷해."

인희는 가방에서 작은 병을 꺼내더니 양배추찜(자우어 크라우트)에 고춧가루를 뿌렸다. 조금 집어 먹어보니 정말 김치찌개 맛이 났다.

"넌 정말 요령도 좋다. 요리 이름이 뭐야? 여기 적어줘!"
"궁하면 다 통하게 마련이지. 나도 여러 번의 실패 끝에 발견한 거야. 하지만 너에게 그 비법을 공짜로 전수해 주는 거니까 고마운 줄 알아!"

인희는 나의 먹는 모습을 엄마처럼 자상한 눈으로 지켜보고 있었다. 내가 음식을 남기려 하자 다 먹으라고 다시 포크를 쥐어 주는 행동까지 엄마를 똑 닮았다. 내가 마지막 숟가락을 내려놓기를 기다려 말했다.

"좋은 소식이 두 개 기다리고 있는데."

"두 개씩이나? 방이 나왔구나?"

"조금 전에 들렀던 학교사무실에 다시 들려봤어. 근데 마침 그때 방이 하나 나온 거야. 직원이 오늘 중으로 결정하래."

"뭐 그 얘기를 왜 지금 해! 빨리 가보자!"

"아까 얘기했으면 흥분되어서 점심도 제대로 먹지 못했을 것 아냐. 그 집의 방문시간이 두 시로 약속되어 있으니 그 전에 가 보아도 소용이 없거든."

나는 인희의 세심한 배려에 눈물이 솟으려 해 얼른 눈을 내리깔았다.

"좋은 소식이 두 개라며 또 하나는 뭔데?"

"그건 공짜로 말해 주지 않겠어. 영화 구경이라도 한턱낸다면 모를까."

우리는 식당을 나서자마자 뛰었다. 학교식당에서 그 집까지는 꽤 멀었다. 뛰다 걷다 하는데 이십 분 걸렸으니까 걷기만 한다면 삼십 분 넘게 잡아야 했다. 직원이 적어준 주소로 찾아가는 일은 어렵지 않았다. 집들은 나열된 순서대로 번지를 달고 있었다.

나는 처음 그 저택 앞에 섰을 때 가슴이 벅찼다. 전통 스타일의 나무 기둥을 품은 하얀 벽과 주홍 뾰족지붕의 삼 층 집이었다. 넓은 정원을 가진 그 집은 귀족이 살던 저택 같은 인상을 주었다.

두 시까지는 아직 십 분이 남아 있었다. 이런 좋은 집에서 월세로 방을 내놓다니. 부자가 더 무섭다더니 집세가 얼마나 된다고 세를 놓는 담. 하여간 이런 저택의 한구석이라도 차지하고 살아 봤으면 여한이 없겠다. 어제까지는 이런 저택에서 사는 것은 꿈도 꾸어 보지 못했다. 꿈이란 어느 정도 현실성이 있어야 꾸어지는 것이니까. 나는 그 집의 겉모습을 요리조리 살펴보며 어느 방을 차지하도록 소원을 빌어 볼까 가늠해 보았다.

두 시 정각에 초인종을 누르자 주인 남자가 나왔다. 남자는 삼 층의 복도 제일 끝 방을 보여 주었다. 주인이 안내해 준 방에 들어섰을 때 나는 깜짝 놀랐다. 겉에서 그 건물을 보았을 때는 무척 낡았으리라 예상했는데 방안은 현대식으로 단장되어 있다. 커튼, 침대보, 식탁보가 모두 흐릿한 분홍색으로 통일되어 있어 우아한 분위기를 자아내었다. 영화에서만 보았던 침대에 실제로 걸터앉아 보니 신기했다. 동화 속의 공주가 된 기분이었다.

방에 개인용 부엌이나 욕실이 달려 있지 않은 것이 흠이었다.

삼 층에는 여덟 개의 방이 가운데 복도를 두고 양쪽으로 문이 배열되어 있었다. 이웃에는 두 명의 여학생과 다섯 명의 남학생이 살고 있다고 했다. 한쪽 끝에 있는 식당과 욕실을 공동으로 사용하게 되어 있었다. 부엌을 들여다보니 짧은 바짓바람으로 들어와 식사를 하는 남학생이 나를 빤히 쳐다봤다. 그를 다시 만나면 놀라서 밥이 목구멍에 넘어가질 않을 것 같았다. 먹을 것을 방에 싸 들고 들어와 혼자서 식사를 하면 되니까 공동 식당은 큰 문제가 아니라고 넘겼다. 욕실을 보려고 다가가니 어떤 남학생이 큰 수건을 아랫도리에 둘둘 말고 욕실에서 나와 자기 방으로 유유히 걸어가고 있었다. 나는 남학생들과 나란히 방을 쓴다는 것이 민망하기 짝이 없는 일이라고 생각했다. 무엇보다 욕실을 공동으로 사용해야 한다는 것이 마음에 걸렸다.

방은 작았지만 강을 향한 창문을 열어 보니 전망이 아주 좋았다. 창밖으로 네카 강과 그 건너의 휄더린 탑이 아스라니 드러나 보였다. 나의 들떠있는 기분을 눈치챈 주인 남자는 후진국 촌뜨기 앞에서 예의를 차릴 필요가 없다는 뜻인지 문을 쾅 닫고 나갔다. 나는 남자의 거친 행동에 머쓱해졌다. 객지라는 것을 깨닫게 해 준 순간이었다. 나는 주인 남자의 태도에서 나타나듯이 앞으로 불편한 상황이 자주 생길 것 같아 불안했다. 그 방을 보고 내켜 하지 않는 기색을 눈치챈 인희가 말했다.

"이 방을 잡는 게 좋을 거야. 한 달 내로 다시 방이 나올지는 알 수 없어. 학교에서 걸어 다닐 수 있는 거리에 있는 집은 정말 드물게 나와.

"이백 마르크는 부담스러운 가격이야. 방세에 이렇게 많은 금액을 지출하면 식비와 책값을 줄여야 하잖아. 게다가 가진 돈으로 학위를 마칠 때까지 버티려면 방값을 절약해야 하거든."

"이 방은 시가보다 싸게 나온 편이야. 구시가지의 집들은 방세가 워낙 비싸거든. 네가 안 쓸 거면 나라도 이곳으로 이사오고 싶을 정도로 좋은 조건이야."

인희는 그 도시의 주택 사정을 설명하며 나의 결정을 재촉했다. 독일 학생은 대개 자동차를 가지고 있으니까 먼 거리에 있는 넓고 싼 집을 얻을 수 있지만, 한국 학생은 운전 면허도 없으니 그런 집을 구할 수는 없다. 이 도시의 주택난이 얼마나 심한지 알기나 하냐. 이 도시에서는 학생들의 숫자가 임대 주택의 숫자보다 훨씬 많으므로 학기가 시작할 때까지 방을 구하지 못한 학생이 수 백 명씩 생긴다고 했다.

"알았어. 이 방을 바로 계약할게."

나는 방을 구하는 일을 인희의 결정에 따르고 말았다는 사실에 화가 났다. 그렇다고 혼자서 다른 방을 구하러 다닐 엄두는 나지 않았다. 인희의 기분을 거스르는 행동을 하기가 두려웠다는 기분이 잔재한 것도 한 이유였다. 나는 인희와 헤어지면서 두 번째의 좋은 소식을 듣기 위해 다음 날 같이 영화를 보러 가기로 했다.

영화

약속대로 인희랑 영화 구경을 갔다. 영화관 앞에 여자가 나체로 수영하는 요염한 모습이 그려진 광고판이 놓여 있었다. 영화 제목은 '엠마누엘'이었다.

"여기가 말로만 듣던 포르노 영화관이니?"

"포르노 영화관은 저쪽 골목에 있고, 여기는 그냥 일반 영화를 상영하는 곳이야. 얘! 내가 아무렴 너 같은 초짜를 포르노 영화관으로 데리고 오겠니."

인희가 그 영화 티켓을 사라고 내 옆구리를 쳤을 때 나는 잠시 생각에 잠겼다. 한국을 떠나기 직전 그 영화가 포르노로 분류되어 상영이 금지되었다는 뉴스가 떠들썩하게 회자하였기 때문이었다. 문화계에서는 예술영화를 포르노와 같이 취급해서는 안 된다고 항의했지만, 그 영화는 결국 당국의 검열에 걸려 상영되지 못했다. 남자의 귀밑에 내려온 머리조차 퇴폐적이라는 핑계로 통제하는 군사 독재 시절이었지만, 왜 그런지 성에 관한 표현만은 관대한 편이었다. 그런데 왜 그 영화만은 안 되는지 이해가 되지 않았다.

상영 금지 결정 때문에 더욱 궁금해져 보고 싶었던 영화였다. 영화 간판 앞에 서니 한국 정부의 무분별한 통제가 이곳에는 전혀 미치지 못한다는 사실이 실감이 났다. 외국에 나오니 이런 좋은 일도 있구나 하고 실소가 나왔다.

인희는 매사에 한국인의 덕목을 앞세우지만, 의외로 영화에 관해서만은 아주 개방적인 태도를 보였다.

우리가 인간답게 살려면 자신을 감옥에 가두어 두어야 하는데 영화를 보는 동안이라도 그 감옥에서 풀어주어야 한다는 것이었다. 영화는 현실에서 실현시키지 못하는 인간의 욕망을 펼쳐 보이는 역할을 한다고 했다.

"현실에서 벗어나기 위해 영화관에 가는 것 아니니? 넌 어때?"

"난 암울한 사실을 그대로 묘사한 영화도 좋던데."

영화관에 들어갈 때 나는 혹시 누군가가 우리를 보지 않을까 주위를 두리번거렸다. 포르노 전용관은 아니었지만 여자들끼리 노골적인 성 묘사가 들어간 영화를 보러 다닌다는 사실을 들키는 것이 싫었다. 나는 생활 지도 선생의 눈을 피하려는 여고생처럼 조심스런 걸음으로 상영관 안에 들어갔다. 낮이어서 그런지 좌석이 많이 비어 있었다. 나는 빨리 전등이 꺼지고 내 모습이 어두움 속에 감춰지기를 기다리고 있었다.

하필 그때 몇 줄 앞에 앉았던 한국 남자가 뒤돌아보다가 우리를 발견했다. 그가 옆자리 남자의 어깨를 툭 치자 그 남자도 뒤를 돌아보았다. 옆자리 남자는 벌떡 일어서더니 능글맞은 웃음을 띠고 다가와 인희에게 말을 걸었다. 남자는 우리보다 몇 살 많아 보였다.

"호오. 요조숙녀인 줄 알았는데. 이런 영화나 보러 다니시다니, 반갑군요."

"아 예, 오늘 오후는 비번이라서요."

남자의 정중한 말투에 야유가 섞여 있어 나는 기분이 언짢았다. 남자는 나를 힐끔힐끔 쳐다보더니 말했다.

"친구도 간호사?"

인희는 그 남자에게 나를 소개시켜 주고 싶지 않은 눈치였다.

남자는 소개받을 필요도 없다는 듯이 내게 직접 인사를 건넸다.

"안녕하세요. 저는 서 도칠입니다. 이 도시에서 못 보던 얼굴이군요. 한국 사람이라면 한 사람도 빼 놓지 않고 다 아는데."

마침 그때 불이 꺼지고 광고 방송이 큰 소리로 터져 나와 내가 대답하지 않아도 될 환경을 만들어 주었다. 남자는 자기 자리로 돌아가며 말했다.

"같이 영화를 감상하게 된 것은 어쨌든 인연의 첫 단추입니다. 영화 끝나고 어디 가서 천천히 이야기나 하지요."

인희의 침묵 속에 숨은 뾰로통하게 토라진 기색이 옆에 앉은 내게도 느껴졌다.

남자가 자리로 돌아가자 인희는 나에게 투덜댔다.

"정말 재수 없는 녀석이야. 꼭 창피한 순간에만 맞닥뜨리곤 한다니까. 그 남자가 나를 포르노나 밝히는 호색녀라고 떠들고 다녀도 할 말 없게 되었네."

"또 만나면 어떡하지?"

"자주 만나게 될 거야. 이 도시에 한국인은 모두 해야 서른

명 정도야. 수시로 마주치게 돼."

"뭐 하는 사람이야?"

"장사꾼 같기도 하고 학생 같기도 한 도무지 종잡을 수 없는 사람이야. 내가 처음 왔을 때 안내를 해 준다 어쩐다 하면서 친절을 베풀더니 그 다음에는 수시로 내 집에 찾아 와서는 노골적으로 치근대는 거야. 한 방 먹여 주었는데도 정신을 못 차리네. 조심해!"

한국에서 남자들은 여자가 성에 대해서 낱낱이 아는 것을 싫어했다. 성적 묘사의 수위가 높은 소설을 읽는 여자는 그것만으로 음란한 여자로 취급받았다. 발랑 까진 여자라든가 남자의 노리개나 창녀가 될 것이라든가 하는 비난을 받았다. 자신의 욕망을 드러내어 조신한 삶을 살지 못한 여자는 세간의 손가락질을 받았다.

여자는 자신의 욕망을 노골적으로 표현해서도 안 되고 타인의 노골적인 욕망에 접해서도 안 되었다. 여자에게 주어진 성적 역할은 남자의 욕망의 대상으로서 성에 대해 수동적인 자세를 취하는 것으로 충분했다. 여자의 무지를 미덕으로 여기는 사회에서 많은 금지 목록을 그저 묵묵히 받아들이고 살아 왔다.

여자가 성적 욕망이 무엇인지 알아봤자 그것은 채워지지 않을 것이 뻔했다. 차라리 모르는 편이 나았다. 그래서 채워지지 않을 욕망에 대하여 언급하지도 못하게 하는지도 몰랐다.

도칠을 만나고 나서 인희는 이곳 한국인 사회에서 음란한 여자라는 손가락질을 받을까 몹시 마음에 걸려했다.

상영 금지

몇 가지 광고가 끝나고 잠시 조용해지더니 본격적으로 영화가 시작되려는 분위기였다. 나는 반사적으로 자리에서 벌떡 일어서서 기다렸다. 국가가 시작될 줄 알았다. 인희가 황급히 내 치마를 잡고 끌어내려 자리에 앉혔다. 뉴스도 보여주지 않고 바로 영화가 시작되었다. 머쓱해진 내가 뭐 이런 나라가 다 있냐고 물으니까 인희가 대답했다.

"이상하게 생각하는 네가 이상한거야. 빨리 촌스러운 티를 벗어나도록 해."

영화가 시작되고 처음 얼마 동안은 주인공의 삶에 관한 이야기가 자연스럽게 펼쳐졌다. 그러더니 주인공의 성적 탐험이 노골적인 영상으로 펼쳐지며 농도를 더해갔다. 스무 살 갓 넘은 여주인공의 벗은 몸매가 그녀의 역할과는 달리 순결한 처녀 같은 인상을 주었다. 그녀가 잠재되어 있던 성적 욕망에 눈을 뜨는 과정이 흥미로웠다. 그녀의 자유분방한 성적 행각은 성에 관한 인간적 호기심으로 이해될 수 있었다.

후반부에 접어들면서 여주인공의 과감한 성적 유희에 조금씩 역겨워지기 시작했다. 여자끼리 자위행위를 가르쳐주는 장면에서 나는 참기 어려운 거북한 느낌이 들었다. 그러고 보니 여성들끼리의 동성애를 표현한 영상은 한 번도 본 적이 없었다.

인희는 영화가 끝나고 출연자 소개가 시작되려 하자 내 손을 힘껏 잡아끌었다.

"빨리 나가자. 그 녀석이 다시 다가오기 전에."

상체를 바짝 숙이고 벽 쪽으로 붙어서 영화관을 빠져 나왔다. 누가 먼저랄 것도 없이 우리는 손을 잡고 있는 힘을 다해 뛰었다. 한참을 뛰어 중심가를 벗어나자 넓은 잔디밭이 펼쳐진 공원이 나왔다. 인희가 내 손을 홱 뿌리쳤다.

"여기서는 여자들끼리 손잡고 걸으면 동성애자(레즈비안)인 줄 오해받아."

"뭐? 우리에게는 친한 친구끼리 손잡고 다니는 것이 너무나 자연스러운 행동인데."

공원을 천천히 걸으면서 인희가 물었다.

"영화 좋았지?"
"응 재미있긴 했는데, 어떤 장면은 보고 있기 거북했어."
"난 기대 이상이던데. 여주인공이 너무 아름다웠어."
"아마 외국어라서 대사 중에 이해 안 되는 부분이 많아서 그랬나봐."
"말이 잘 안 들려도 쉽게 이해할 수 있었잖아. 하려는 이야기가 영상으로 분명히 표현되었거든."
"여주인공이 거울을 보면서 뭐라고 말하는 장면에서 영화가 끝나던데 뭐라고 했는지 알아 들었어?"
"응. 자신이 이제부터 진정한 여성으로 다시 태어났다고 했던 것 같았어."
"다시 태어난 이유가 뭐야?"
"성적 탐험이 끝나고 나면 성 문제에 대해 전과 다른 해방감을 느끼지 않을까?"
"어떻게?"
"그만 물어라. 그런 걸 우리 처녀들이 어떻게 미주알 고주알 이해하겠니."

나는 잠시 침묵하다가 인희에게 항의하듯이 말했다.

"우리나라 사람이 이런 영화 보면 정말 안 되는 거니? 내가 심사위원이라면 상영 허가 도장을 딱 찍어 주겠다. 성생활은 사적인 일이잖아. 사회에 해롭다니 그건 억지야."

"주인공이 창녀가 아니라 가정주부라서 문제가 되었겠지. 전에 정비석의 소설 「자유부인」이 풍속문란으로 판매 금지되었던 사건이 있었잖아."

나는 주인공의 성적 탐험을 하나하나 회상하면서 어른이 보아서는 안 되는 장면이 무엇이었나 가늠해 보았다. 인희가 내 눈을 바로 쳐다보며 물었다.

"네가 판사라면 상영 금지 판정을 옳다고 하겠니?"

"아니. 금지는 호기심만 더 불러일으키지. 그래서 우리도 이 영화를 봤던 거잖아. 내가 마치 심판관이라도 된 듯이 한 계단 위에서 한국을 판단할 수 있게 된 것이 무척 기분 좋은데."

"너 법률가 치고는 꽉 막히지 않은 편인데."

"어쨌든 한국에서 금지된 영화를 보고나니 자유의 나라에 온 실감이 난다."

"영화 같은 상상의 세계에서야 무엇을 하건 상관없지만, 실제는 곤란하잖아. 여긴 자유가 너무 넘쳐흘러서 탈이야. 성적 자유는 여자를 희생시키는 것 같아."

인희는 영화에 대해서 무척 너그러운 것과는 달리 현실에서는 케케묵은 도덕을 고집했다. 첨단 이론을 발표한 과학자가 가족에게 조선시대에나 요구되던 윤리를 강요하다 아들에 의해 살해당했다는 뉴스가 생각났다. 나는 그녀의 이중적 잣대를 비판해 볼까 하다가 그냥 말을 목구멍으로 넘겼다. 순수한 논쟁이 감정 대립으로 번질까 두려웠다.

한국에서 무심히 흘려 넘겼던 상영 금지 영화의 제목을 기억의 창고에서 끄집어냈다. '파리에서의 마지막 탱고'라는 영화도 얼마 전 상영이 금지되었다고 들었다. 영화 엠마누엘을 보지 않았더라면 난 그 기억을 영원히 창고 속에 처박아 두었을 것이다.

언제인가 창고의 용량이 초과되면 기억의 지배자는 내 의식에게 묻지 않고 슬그머니 뇌 밖으로 방출해 버릴 것이다.

그런 식으로 차단되는 영화는 꽤 많겠지. 걸음을 멈추고 몇 개를 더 생각해 보려 했지만 다른 것은 생각나지 않았다. 두 영화는 그나마 음란물이라는 이유로 상영 금지 된 것이라서 신문에 보도되었다. 독재라던가 빈곤이라던가 하는 주제와 관련된 영상물은 아예 공표조차 되지 않고 차단되었다. 앞으로 그런 것들을 찾아내서 하나씩 감상하려고 마음먹었다.

영화 감상 자체는 별 것 아니었다. 그보다는 한국에서 나를 옥죄었던 금지에서 벗어났다는 사실이 가슴이 뿌듯했다. 영화 감상은 자유를 향한 행로의 첫걸음에 불과할 것이다. 이곳에는 한국에서 볼 수 없었던 아니 보려는 욕심도 낼 수 없었던 책이 무진장 많이 있을 것이다.

그것이 무엇인지 뚜렷하게 떠오르지는 않았다. 도대체 어떤 금지 속에서 살고 있었는지조차 잘 모르고 지냈으니까. 무언가를 욕망하기 위해서는 먼저 그 욕망의 대상이 무엇인지 알아야 했다. 나는 이곳에서 그런 것들을 찾아 읽어보겠다고 마음먹었다.

그런 계획을 세우고 나니까 이곳에서 할 일이 꽤 많아졌다. 할 일이 많아야 외로움도 줄 것이다. 아닐까. 거꾸로 일까. 외로우니까 그런 것들을 찾게 되는 것일까.

인희가 어깨를 흔드는 바람에 상념에서 깨어났다. 자기는 이쪽 길로 가니까 여기서 헤어지자고 했다. 나는 다급히 인희의 어깨를 잡았다.

"네가 말해주겠다는 두 번째 좋은 소식은 아직 알려주지 않았잖아?"

"아. 그거. 너 다음 주 화요일에 입학 허가 시험 치러야 한대."

"에이, 시험이 무슨 좋은 소식이야 나쁜 소식이지."

"그렇긴 하지만. 입학까지 두 번 시험 기회가 주어진다는 것은 행운이지. 보통은 시험에 떨어지면 한 학기 기다려야 다시 치를 수 있거든. 올해부터 제도가 바뀠대."

"그럼 다음 시험은 언제 있는데?"

"한 달 후. 한 외국인은 잘 떨어지거든."

집에 돌아오자마자 시험 공부에 매달렸다. 다행히 외로워 할 시간이 없어졌다.

그 후에도 인희는 종종 나를 영화관으로 이끌었다. 인희가 회화를 연습하러 가자고 하면 그건 영화관에 가자는 것을 의미했다. 외로움을 달래줄 위안거리가 달리 없었던 나는 늘 따라나섰다. 학생 할인에 수요일 할인까지 받으면 입장료가 무척 쌌다.

영화를 통해 한 걸음 떨어져서 독일인들의 사는 모습을 관망하였다. 나는 영화관 구석에 쪼그리고 앉아있는 전쟁 과부들과 마찬가지로 외로움을 달래줄 친구를 영화 속에서 찾아 헤맸다.

나는 왜 이렇게 자주 영화를 보러 다니는 것일까 생각해 보았다. 영화 속에서 인간들은 자기 마음대로 욕망에 충실하게 행동했다. 나는 그러한 영화 속의 자유가 부러워서 자꾸 그것에 다가가고 있었다.

유학을 꿈꾸다

제3장 정착을 위한 대가를 치르다

Pay for settlement

제3장 정착을 위한 대가를 치르다

낙서

응시 원서를 제출하러 가는 길에 학교 주변을 둘러 봤다. 대학 건물이 도시 중심을 차지하고 있었다. 독일의 대학은 모두 국립이라고 했다. 아무리 국립 대학이라도 캠퍼스의 경계나 울타리가 없는 것은 신기했다. 대학 건물이 도시의 여기저기에 흩어져 있고 종교 시설이나 상업 시설과 겉모습으로 전혀 구분되지 않았다.

튀빙엔시는 자유롭고 풍요로운 도시였다. 이십 대의 젊은이들이 거리를 차지하고 있었다. 자유주의(리버랄리즘)의 물결 속에서 젊은이들은 국고의 지원을 받으며 하고 싶은 공부에 몰두하고 있었다.

도시에 도착해서 거리의 사람들의 모습을 보면 주민들의 형편을 알 수 있다고 들었다. 격식 없지만 다양한 옷차림은 경제가 잘 풀리고 있음을 말해주었다. 사람들의 명랑한 태도는 서로 원만하게 소통되는 사회라는 것을 말해 주었다. 시의 인구는 오만 명이었는데 그중 대학생과 그 가족이 이만 명을 차지한다고 했다. 주변 지역의 농부들을 제외하면 주민 대부분이 대학과 관련된 일을 했다. 거리를 둘러보니 T시가 대학 도시라는 말이 실감이 났다.

중앙로에 있는 대리석 건물이 법대였다. 정원에는 나무들 사이로 남녀의 나체 조각상들이 촘촘히 놓였다. 출입 통제를 하지 않았지만 나는 잔뜩 주눅든 걸음걸이로 주위를 두리번거리며 현관 안으로 들어섰다. 천장에는 고딕 스타일의 그림이 그려져 있었고 그리스식의 둥근 기둥들이 웅장한 분위기를 자아내고 있었다. 긴 복도에는 옷을 차려입고 근엄한 표정을 한 법률가들의 흉상이 줄지어 놓여 있었다. 건물 안과 밖의 조각들이 다른 분위기를 연출하는 것이 이상했다. 밖에서는 옷을 입고 집안에서는 옷을 벗는 것이 우리 사는 모습인데 조각상은 거꾸로 설치되어 있었다. 법대는 역시 밖의 자유로운 기운에서 차단된 채 권위적인 내부 구조로 되어 있었다.

건물 안 대리석 기둥 밑에 표어 같은 것이 새겨져 있었다. 모두 라틴어로 쓰여 있었다. 독일어로 써 놓지 않은 이유가 궁금했다. 독일에서는 법학을 공부하려면 라틴어 시험을 통과 할 것이 필수로 요구되었다. 멀쩡히 자기 나라 글이 있으면서 사라진 제국의 언어를 숭배하는 것이 잘 이해되지 않았다. 15세기부터 독일 대학 법률가들은 이탈리아 볼로냐 대학으로 유학 가서 로마법을 배우고 돌아와 판사나 교수로 봉직했다고 들었다. 이탈리아 대학에서도 그들은 라틴어로 공부했고 이탈리아어는 일상생활에서만 사용했다. 불과 이 백 년 전만 해도 독일 법정에서 판사, 검사와 변호사가 라틴어로 재판을 진행했고 법원 서기가 평민들에게 독일어로 통역을 해주었다고 기록되었다. 과거 법률가들이 사용했던 언어만 보아도 그들이 권위 의식을 갖고 평민과 얼마나 거리를 두었는가 알만했다. 유학파 법률가들은 시대를 불문하고 잘난 체하는 한심한 족속이라는 생각이 들었다.

한국의 유학파들도 어느 정도 비슷한 성향을 갖고 있었다. 칠판에 법률 용어를 독일어로 적어놓고 "크", "흐"에 힘을 주어 읽곤 했던 대학 시절의 교수가 떠올랐다. 대학 시절 수업을 들으면서 외국물 먹은 교수들은 왜 모두 그 티를 내지 못해 안달인지 모르겠다고 반발했었다. 나도 그런 부류에 속하게 될까 두려웠다. 재판관은 민중과 같은 언어를 사용하고 민중의 아픔을 공감해야 한다는 신념을 스스로 다짐했다.

이 층의 학과 사무실에 들러 응시 원서를 제출했다. 원서와 함께 한국의 독일 문화원에서 발생해 준 언어 증명서를 제출했더니 시험 과목을 줄여 주었다. 일반 어학 시험은 면제되었고, 논술 시험만 보면 된단다. 언어 증명서가 그렇게 중요한 줄 몰랐었다. 한국에서 언어 자격 시험을 보라고 괴롭혔던 털보가 새삼 생각났다.

법대 건물에서 나와 조금 걷다가 건너편에 있는 대학 본관 쪽으로 다가갔다. 본관은 오백 년 된 건물이라고 들었다. 멀리서 보아도 전면의 기둥이 그리스풍으로 장식되어 당당하고 수려한 위풍을 나타냈다.

가까이 가보니 섬뜩한 느낌의 붉은 페인트로 쓰인 낙서가 눈에 뜨였다. 코린트식 높은 기둥 위의 정면 대리석에는 '에른스트 블로흐 대학'이라는 글씨가 이마에 붉은 머리띠를 한 것처럼 옆으로 길게 쓰여 있었고 각 알파벳마다 페인트가 마치 핏물처럼 흘러내린 모습이었다. 그 아래 쪽 벽면에는 '바더 마인호프 대학'이라는 뒷골목 낙서와 같은 필체가 더 붉은 페인트로 두껍게 칠해져 있었다. 한참을 쳐다보니 그 글씨들 뒤로 어렴풋이 학교의 공식 명칭인 '에버트 칼스 대학'이라는 우아한 필체의 각인을 찾아 읽을 수 있었다. 외벽 곳곳에 거친 필기체 글씨들이 귀신이 나올 듯 흉물스러운 분위기를 자아냈다.

학교 이름을 두고 벌어졌던 갈등이 어떤 것이었을지 상상이 되지 않았다. 낙서에 얽힌 사연이 궁금했다. 나중에 가서야 그것이 대학의 명칭을 두고 학교 측과 학생회 사이의 심각한 갈등의 산물이라는 것을 알게 되었다. 설립자의 이름을 따라 지어진 공식적인 대학 명칭에 대해 학생들은 자신들이 존경하는 학자가 대학 명칭으로 되어야 한다고 대학 당국에 반기를 들고 행동으로 보여 준 것이었다.

당시 다수파의 학생들은 튀빙엔의 철학 교수로서 《자연권과 인간의 존엄》, 《유물론의 문제》등을 저술한 에른스트 블로흐를 가장 존경하는 학자로 꼽았다. 운동권 학생단체가 그들이 존경하는 학자의 이름을 따서 「에른스트 블로흐 대학」이라고 부르겠다는 의지를 붉은 낙서로 표현한 것이라고 했다.

무정부주의를 취하는 학생 단체는 그 명칭에 반대를 했다. 그들이 존경하는 마인호프의 이름을 남기기를 원했다. 추종자들은 에른스트 블로흐 대학이라는 붉은 글씨 아래에 「바더 마인호프 대학」이라고 더 짙붉은 페인트로 적어 놓았다. 마인호프는 국가를 부정하는 아나키스트 중에서 독일에서 가장 유명한 행동가였다. 그는 여러 번의 테러 행위를 감쪽같이 성공시키다가 마지막 한 번의 실수로 잡혀서 감옥에 수감되어 있었다.

나는 그 당시 독일 사회를 떠들썩하게 했던 아나키스트(무정부주의자)인 바더 마인호프가 학생들에게 높은 인기를 얻고 있는 것이 의아했다. 호기심에 끌려 도서관에서 마인호프에 관한 신문기사를 구해 꼼꼼히 읽어 보았다. 그의 감방은 물론 독방이었고 그를 수감하기 위해 특수하게 설계되었다. 마인호프의 자살을 방지하기 위해 머리를 부딪쳐도 깨지지 않도록 사면의 벽을 부드러운 자재로 감싸 두었다. 비밀 누설을 방지하기 위해서, 그리고 감방

동지가 마인호프를 살해하는 것을 방지하기 위해서 특수요원이 여러 명 배치되었다. 그에게는 방문객 접견, 옥외운동 같은 일반 수감자가 누리는 권리가 전혀 인정되지 않았다. 학생단체는 정부의 이런 조치들이 비인도적 처우에 해당하며 공정한 재판을 받을 권리를 해친다고 맹렬히 비판했다.

수업을 마치고 나오던 늦은 오후, 마인호프에 대한 비인도적 조치에 항의하는 시위대를 만났다. 학생과 시민이 섞인 백여 명의 사람들이 현수막을 들고 천천히 거리를 걸어 다니는 평화로운 시가행진이었다.

"인간이라면 비록 범죄자라도 기본권을 누려야 한다!"

시위행진 근처에 경찰의 모습은 눈에 띄지 않았다. 경찰 국가라는 오해를 받지 않기 위해 경찰은 제복을 입고 시민들 앞에 나서는 일을 극히 삼가고 있다고 들었다.

나는 진풍경을 구경하듯이 이곳 사람들이 정치적 의견을 어떻게 표명하는지 지켜봤다. 그들의 정치적 의견에 대한 판단은 보류한 채로 그저 관찰만 했다. 경찰과 시위대가 충돌하지 않은 채, 큰 거리 끝 무렵에 와서 자신 해산하는 데모가 내 눈에는 소금을 뿌리지 않은 삶은 계란처럼 싱겁고 답답하게 느껴졌다.

택시 요금

나는 삼 층 방을 계약하면서 보증금과 첫 달 방세를 선불해야 했다. 지출이 커서 걱정되었지만 다른 방법이 없었다. 임시 거처에서 다시 가방을 꾸려 들고 나왔다. 두 집 사이는 짐이 없다면 걸어서 갈 수 있는 거리였지만, 짐이 있으니 택시를 타야 했다.

나는 택시 기사에게 목적지 주소를 대며 그곳까지 데려다 줄 수 있는지 물었다. 기사는 흔쾌히 자기가 찾아 주겠다고 했다. 너무도 친절하게 느껴졌다. 한국에서는 집 주소만 보고 목적지까지 태워다 주는 택시 기사는 없던 터였다. 기사는 내 짐을 훑어보더니 자기가 싸게 해주겠다며 십 마르크를 요구하여 그러라고 했다.

집에 도착하자 기사는 놀랍게도 삼 층의 방 안에까지 짐을 들어다 주는 것이었다. 나는 너무 고마워서 연신 당케Danke!를 반복했다. 내가 그에게 약속한 돈을 내밀자 그는 짐 운반비를 추가해야 한다면서 이십 마르크를 더 요구했다. 잠시 내가 그의 독일어를 잘못 이해한 것이 아닌가 생각이 들었지만 타기 전에 두 번이나 짐이 포함된 가격이라고 확인했기 때문에 내가 오해했을 가능성은 없었다. 택시 기사는 그 요금은 짐을 택시로 문 앞까지 실어다 주는 것을 의미하지 삼 층까지 들어다 주는 것을 포함하는 것은 아니라고 했다. 기사가 내게 묻지도 않고 짐을 운반해 놓고 그 수고비를 요구하는 것은 옳지 않다고 항의하고는 약속한 요금만 내밀었다. 그랬더니 기사는 지나가는 택시를 세워 그 동료 기사들에게 내가 마치 무임승차라도 하려는 사람인 듯 외쳐댔다. 택시 기사들은 저마다 동료를 거들며 나에게 손가락질을 해댔다.

돈도 돈이지만 억울해서 오기가 생겼다. 부족한 독일어로 따졌다. 시비가 생기니 구경거리를 보러 주위 사람들이 모여들었다. 보기 드문 동양 여자가 길거리에서 백인 남자와의 싸움에 말려들고 있으니 좋은 구경거리가 된 듯 했다. 길을 지나던 백인 노인이 경멸스런 눈초리로 나를 손가락질하며 올바르게 행동하라고 악을 썼다. 노인이 자초지종을 알지도 못하면서 동양인을 범법자 취급을 하며 무시하는 선입관을 드러내는 것에 억울함을 느꼈다. 기사가 어깨에 힘을 잔뜩 주고 자기랑 차에 타고 경찰서로 가자고 크게 소리쳤다. 나는 외국인이 더 이상 말썽을 일으키다가 어떤 꼴을 당할지 몰라 겁이 났다. 분했지만 그가 요구한 가격을 주고 그 자리에서 물러났다.

노크 소리에 방문을 열어 보니 주인 남자가 서 있었다. 계약할 때는 중년으로 보였는데 틀니를 뺀 상태에서 보니 할아버지임에 틀림없었다. 자기 이름이 헬무트이니 그렇게 부르라고 했다. 전날 택시 기사와 다툼이 있었을 때 창에서 물끄러미 내려다보던 그의 시선이 떠올랐다. 그는 불편한 것이 있는지 물었지만 나는 아무 대답도 하지 않았다. 잠시 후에 그는 추우면 차를 끓여 마시라고 전기 포트를 빌려 주면서 티백 몇 개를 가져다주었다.

헬무트에게 택시 요금 이야기를 해보았다. 그의 말로는 택시 기사는 대개 독일인이 아니라고 했다. 동유럽에서 온 사람들인데 그들조차 독일어를 잘 못한다고 했다. 순진한 동양 여성이 걸려들자 장난을 친 것이라고 했다. 헬무트는 다시는 택시를 타지 말라고 하면서 자기가 어디든 태워다 주겠다고 했다. 헬무트의 설명을 듣고 보니 얼핏 그 택시 기사의 이상한 발음이 떠올랐다. 나는 그의 말을 잘 알아들을 수가 없어서 사투리인가 생각했었는데 이제 되돌아보니 외국인 억양이 섞인 것이 틀림없었다. 택시 기사도 이 사회에서 이방인이면서 나에게 혹독한 신고식을 치르게 만든 셈이었다.

"약자를 괴롭히는 사람 역시 약자일 수 있다."

헬무트의 말투에서는 아리안 족 특유의 우월감이 배어나왔다. 독일인들은 대개 자기 민족이 가장 도덕적인 인종이라고 생각하는 경향이 있다고 들었다. 외국인의 눈에 독일인은 나치의 전쟁 범죄를 도와준 공모자들이지 그다지 도덕적인 민족은 아니라는 사실을 헬무트가 그다지 의식하지 않는 것을 느꼈다. 대량 학살의 범죄에 비교하면, 푼돈을 얻으려고 속임수를 쓰는 외국인 노동자들의 범죄는 생계형 범죄이고 그 사기 액수도 그다지 크지 않다고 헬무트의 말에 반박하고 싶은 마음이 들었다. 그렇지만 차마 집주인의 면전에서 그런 이야기를 할 수 없었다.

나중에 들은 이야기로는 아직도 독일인 중에 인종 우월 주의자가 많다고 했다. 상인들이 외국인을 속이려고 일부러 발음을 흐려서 말하는 경우도 많다고 했다. 나 같은 동양 여성은 장사꾼에게 잘 속아 넘어가는 어리숙한 외국인이었다. 다수집단은 자신의 집단에 속하지 않는 그래서 신의를 지킬 필요가 없는 이방인을 따돌리고 골탕 먹이는 이중성을 갖고 있다고 했다. 내가 정의를 지키기 위한 법학을 공부하러 독일에 왔다는 사실이 어리석은 일인 것처럼 느껴졌다. 하지만 악인이 많은 곳에서 법이 발달한다는 사실을 상기했다.

어찌되었든 집 문제는 해결되었다. 나는 며칠 묵었던 임시 숙소에서 이사 나온 것에 흡족해 했다. 그곳에 계속 머무를 수 없다는 사실 때문에 내 집이라는 안정감을 느낄 수 없었다. 한동안 머무를 수 있는 내 방을 가지고 있다는 사실이 나를 편안하게 했다. 방은 사면이 온통 흰 회벽이어서 상쾌한 기분이 들었다. 책을 펼치려고 하다 책상이 없다는 것을 알았다. 대신 식탁이 있으니 책상 겸용으로 쓰면 되겠다 싶었다.

열쇠로 방문을 잠그고 거리에 나왔다. 저택은 구시가지 가까이에 있어 주변에 몇 백 년 된 삼 층 집들이 이어져 있었다. 사방으로 좁은 골목이 뻗어 오거리를 만들다가 다시 삼거리로 되었다. 상점이 촘촘히 박힌 골목은 성당을 지나 공원으로 이어져 있었다. 도로에는 작은 돌이 촘촘히 박혀 있어 비뚤비뚤한 표면에 구두 속 발바닥이 간지러웠다.

마음 한 구석에 작은 의문이 들었다. 왜 이 방은 비어 있는 채로 있었던 걸까. 방을 구하기 힘든 이 도시에서 빈 방인 채 남아있었다니. 이상했다. 주인 남자에게 그 이유를 묻기에는 내 언어 실력이 너무 짧았다. 그냥 넘어가기로 했다. 어차피 받아들여야 하는 것이라면 즐거운 생각만 하기로 마음먹었다. 하지만 그 의문이 자꾸 떠올라 잠이 빨리 들지 않았다.

임시 숙소는 수녀들에 의해 운영되고 있었다. 첫 날 그 사실을 알았을 때는 무척 안심이 되었다. 여고 시절 지방에서 올라와 천주교 기숙사에 사는 친구가 생각났다. 친구 기숙사에 한 번 들렀을 때 또래들만이 사는 그곳은 천국 같은 느낌이 들었다. 수녀들이 정돈해 놓은 가재 도구와 반듯한 정원은 관청 같은 근엄성을 갖추고 있었다. 임시 숙소에서 하루 이틀 지나면서 그곳이 나의 마음을 불편하게 만든다는 것을 의식했다.

수녀의 삶을 바라보면서 많은 의문이 마음 속에서 치솟았다. 천장 높은 방에 놓인 아주 긴 식탁 한 구석에 앉아 다소곳이 고개 숙이고 식사하는 수녀들을 한참 동안 바라보았다. 그녀들을 보고 있노라니 나 자신도 김칫돌에 내리눌려 발효되는 기분이었다. 차갑고 깨끗한 공기가 나를 더러운 숨을 내뱉는 존재로 느끼게 만들었다. 그곳은 라디오 소리를 내기조차 죄송스럽게 고요했다. 인간의 사소한 욕구가 천박하게 여겨지고 죄책감을 불러 일으켰다. 학창 시절과는 지금의 나는 많이 달라졌다는 것을 실감했다. 지금 나는 수녀원 기숙사의 경건함보다는 불안정하더라도 자유롭고 탁한 공기를 원했다.

내가 한국을 떠나 온 이유 중에는 학위를 얻는 것 이외에 자유를 만끽하고자 하는 욕망도 무척 강했다는 것을 깨달았다. 수녀들 속에서는 그 자유를 느낄 수 없었다. 내 방을 장만하고 나서야 나는 오랜 소망이었던 자유를 조금 느낄 수 있었다. 자유에는 언제나 대가가 따른다고 들었다. 이곳에서 누리는 자유가 내게 가혹한 대가를 요구하지는 않을까 살짝 불안해졌다.

두꺼비집

첫 학기 강의가 시작된 건 10월 중순경이었다. 벌써 늦가을에 접어들어 가로수가 노랗게 물들었다. 낮에도 쌀쌀함이 가시지 않아 한국의 초겨울 같았다. 낮은 온도보다 더 견기기 힘든 것은 높은 습도였다. 매일 아침마다 오늘은 햇빛이 화창하게 나서 축축한 습기를 거두어 가기를 기다렸지만 보슬비가 두어 시간씩 내리는 흐린 날이 계속되었다. 원망스레 하늘을 올려다보았지만 그런 날씨에 적응하는 것밖에 달리 방법이 없었다. 온도가 영하로 떨어지지는 않아서 학교에서도 집에서도 난방은 틀어주지 않았다. 나는 뼈 속으로 깊숙이 스며드는 한기를 떨치지 못해 몸이 자주 아팠다.

아침 여섯 시가 되면 어김없이 눈이 떠졌다. 옆방 사람들이 깨기 전에 우선 화장실부터 조심스레 다녀왔다. 독일 집들은 천장이 높고 마루가 삐걱거려서 언제나 복도를 살금살금 걸어 다녀야 했다. 심야에 화장실 물을 내리면 짐승이 울부짖는 것 같은 울림이 건물 전체로 퍼졌다. 오래된 저택에서 이웃 간의 예의를 지키는 일은 그런 습관이 들지 않은 내게는 큰 심리적 압박으로 다가왔다. 혹시라도 밤에 화장실에 가고 싶어질까봐 저녁 식사 이후에는 수분을 섭취하는 것을 삼가게 될 정도로 조심스럽게 지냈다.

방에 앉아 있으려니 피부에 닫는 쌀쌀한 공기가 몸을 움츠러들게 만들었다. 이불에 다시 들어가더라도 체온으로 데워 놓은 온기는 이미 사라지고 없으니 따뜻해지려면 한참을 기다려야 했다. 따뜻한 보리차 한 잔을 마시면 몸이 좀 녹을 것 같았다. 집주인이 빌려준 커피포트에 물을 떠 담고 전기를 연결했다. 팔팔 끓는 수증기에 손을 가까이 가져가니 추위가 조금 가셨다. 보리차를 한 잔 마시고 나서 포트를 끄지 않고 물을 더 부어 계속 끓이며 그 곁에 앉아 있었다. 책상머리에 있는 전등을 켜니 그곳에서도 나온 열기로 몸이 조금 더 따듯해 졌다. 라디오를 켜니 자주 들었던 음악이 흘러나왔다. 한참을 그런 상태로 고향집의 아랫목을 그리워하며 앉아 있었다. 엄마가 아침밥을 지으려고 아궁이에 불을 넣으면 곧 안방 장판바닥이 따뜻해지고, 아이들은 아랫목 이불 밑에 발을 파묻고, 부엌에서 맛있는 밥상이 들여 밀어지기를 기다렸던 때를 회상했다.

그때였다. '퍼억'하고 큰 소음이 들리더니 방안의 전등불이 꺼졌다. 확인해 보니 커피포트에도 전기가 들어오지 않았다. 전기선이 잘못된 것이었다. 나는 큰 죄를 지은 것처럼 겁부터 났다. 주인에게 알릴 일이 걱정이 되어서 가슴부터 쿵쿵 뛰었다. 그냥 내버려 둔 채로 학교에 갔다가 집에 돌아오니 방안이 깜깜해서 공부도 못하고 그냥 침대에 누워 잠들고 말았다. 다음날 한참을 고민하다 학교 가는 길에 집주인에게 나의 부주의로 전기 장치가 고장 난 것 같다고 말했다. 그 말을 듣자마자 집주인은 오히려 자기가 미안하다며 두꺼비집을 찾아 제자리로 돌려주었다.

> "오래된 집이라 전기 용량이 적어서 미안해요. 입주할 때 내가 동시에 세 개 이상 전기 제품을 사용하면 안 된다고 설명해 드렸는데 깜박 잊었는가 보네요."

그런 주의 사항을 내 짧은 독일어 실력으로 알아들었을 리가 없었다. 이틀이나 죄의식을 갖고 불편을 참았던 일이 억울했다.

추운 방으로 돌아오니, 생각은 또 다시 고향 집 아랫목에 깔아 놓았던 자주색 비단 이불로 달려갔다.

이불 밑으로 발을 뻗으면 따뜻한 온기가 발끝에서 서서히 온몸으로 퍼져 들곤 했었지. 어떤 때는 너무 뜨거워서 발을 델 정도였어. 엄마는 내가 학교에서 돌아 올 시간이면 아랫목을 따듯하게 데워 놓아 주셨어. 아랫목에서 책을 보다 스스르 이불 속으로 미끄러져 들어 잠을 자곤 했었지. 그러다가 엄마가 흔들어 깨워 눈을 뜨곤 했지. 엄마는 "다른 식구들은 늦게 돌아오니 너 먼저 식사하렴."하고는 맛있는 찌개가 얹어 있는 밥상을 들고 들어오셨어. 무릎 위에 이불을 덮은 채로 저녁상을 받으려 했었지. 그러면, 엄마는 "그 이불은 새 것이니 찌개 국물을 떨어뜨리면 안 된다."고 하며 내 무릎에서 이불을 멀리 밀어 놓곤 했었지.

그런 추억에 빠져 한 밤까지 침대에 누워 있었다. 배에서 쪼르륵 소리가 나도 모르는 체 하고 버티고 있었다. 이대로 객지에서 굶어 죽으면 어떻게 하나 하는 걱정이 들었다. 엄마는 종종 귀신 중에 제일 불쌍한 게 굶어 죽은 귀신이라며 "먹고 죽은 귀신은 때깔도 좋다."라는 속담을 뇌이곤 했다. 그런 생각을 이어가다가 고향이 참을 수 없이 그리워 펑펑 울고 말았다.

독일 사람들은 방에 거의 난방을 하지 않고도 잘 견디는데, 따뜻한 온돌방 아랫목에서 살다온 내게는 독일식 생활이 견디기 어려웠다. 온기를 의지할 데를 찾아 벽면의 라디에이터에 등을 갖다 대기도 해보았지만, 온돌방의 온기는 느낄 수 없었다.

이불을 뒤집어쓰고 누워있는 시간이 많다 보니 점점 폐인이 되어 가고 있었다. 누워서 할 일이라고는 머릿속으로 오만가지 생각을 굴리는 일 뿐이었다. 한국에 관한 생각은 안하려고 다짐했지만 잔뜩 당겼던 스프링이 제자리 찾아가듯 눕기만 하면 한국 생각이 났다.

아랫목 없는 집에 산다는 것은 '온도'라는 물리적 조건의 차이에 그치는 것이 아니었다. 그것은 정신적 결핍으로 이어졌다. 아랫목을 둘러싼 가족 간의 끈끈한 유대 관계가 못 견디게 그리웠다, 성인이 되었지만 엄마의 보살핌에 의존했던 응석받이 생활로 돌아가고 싶었다.

생각에 잠기면 하얀 벽면을 뚫어지게 쳐다보게 되었다. 문득 여기가 감옥이라는 생각이 들었다.

나는 몇 년의 구금 형을 선고 받은 것일까. 2년을 예상하고 들어왔는데 과연 내후년에 출옥할 수 있을까.

하얀 석회 벽에 도돌도돌 돋아 있는 작은 돌기들을 손으로 쓰다듬어 보았다. 까칠한 감촉이 피부를 피가 나도록 긁어대는 것 같은 착각이 들었다.

나는 독일에 와서도 홀로서기에 성공하지 못하고 있었다. 자신이 정서적으로는 아직 어린 애나 마찬가지로 여리다는 사실을 계산에 넣지 못한 것이 실수였다.

종소리

말이 조금씩 통하게 되면서 삼 층 집에 사는 독일 학생들과 같이 공동 식당에서 식사하는 것이 두렵지 않았다. 오히려 언어 실습의 기회라고 생각하고 그 애들과 같은 시간대에 식사하려고 노력했다. 혼자 보내는 저녁 시간이 지겨울 때면 그 애들이 웃고 떠드는 식당으로 가서 그 애들 옆에 앉아 시간을 보냈다.

독일인의 사는 방식에 익숙하지 못해 바보 같은 짓을 많이 했다. 그때마다 그 애들은 양손으로 식탁을 두드려가며 신나게 웃어댔다. 얼마 안가서 그 애들이 내 방문을 두드리며 식당으로 나오라고 부르는 일이 종종 생겼다. 그 애들이랑 같이 있다고 해서 외로움이 덜어지는 것은 아니었지만, 저녁 시간을 쓸쓸하지 않게 흘려보내는 것만으로도 다행이었다.

그 애들 중에서는 미카엘이라는 의대생이 내게 제일 친절했다. 미카엘은 어떤 빵집이 맛있는 빵을 파는지 학교 식당 중에 어디가 제일 맛있는지 하는 일상 생활에 관한 나의 질문에 약도를 그려가며 아주 친절히 대답해 주었다. 그렇지만 부모가 무엇 하시는 분인지 형제자매가 몇인지 하는 질문에 대해서는 입을 꾹 다물어 버렸다. 처음에는 내 언어 표현이 정확하지 못해서 알아듣지 못했나보다 생각했다. 그런데 미카엘은 가족에 관한 질문을 할 때마다 번번이 입을 다물었다. 그러더니 한 번은 화를 내며 내가 자기 애인도 아닌데 그런 사적인 질문을 무엇 때문에 하느냐고 면박을 주었다. 난 그저 그 애와 말을 트는 첫 단계로 한국 풍습에 따라 상대를 알아가는 과정을 거치려 했을 분이라고 변명했다. 그 일로 나는 그 애를 대하기가 조심스러워 어쩌다 부엌에서 마주쳐도 서먹하게 대했다.

목요일 저녁에 미카엘이 다음 날 자기 친구 집에 같이 놀러가지 않겠냐고 다정한 말투로 물었을 때 나는 잠시 망설였다. 무엇보다 내가 또 무슨 실수라도 저지르지 않을까 걱정되었다. 그냥 편한 모임이니까 학교 수업 끝나고 곧장 오면 된다고 그 집 주소를 알려주었다. 나는 독일인의 집에 처음 초대를 받아 흥분에 들떠 있었다. 어떤 옷을 입고 갈까. 무슨 선물을 들고 갈까. 여러 가지 생각으로 오후가 빠르게 지나갔다.

나는 수업을 한 시간 빼먹고 집에 들려 정장을 차려입고 고급 제과점에서 산 케이크 한 판을 들고 택시를 타고 일곱 시 정각에 그 집에 도착해서 초인종을 눌렀다. 들어가 보니 정각에 온 사람은 나뿐이었다. 다른 친구들은 한참 지나서 손에 일인분의 양에 해당하는 소시지, 샐러드, 맥주, 와인 같은 음식을 들고 모이곤 했다. 주인이 내놓은 것은 검은 빵과 치즈, 그리고 커피가 전부였다. 독일 친구들은 내가 가져온 케이크를 보고는 환성을 지르면서 순식간에 먹어치웠다. 나는 부스러기를 쓸어 먹으면서 케이크 값을 아까워했다.

미카엘이 한 시간이나 늦게 작은 봉지를 들고 현관문으로 들어왔을 때 나는 구원자를 만난 듯 반가워했다. 독일인들과의 담소는 지루하기 짝이 없었다. 친구 사이에 약어와 은어를 많이 섞어써서 이야기의 맥락을 도통 알아들을 수 없었다. 그들은 내가 대화에 잘 섞여들지 못하는 것을 알아채고 나를 무시한 채 자기네들끼리 떠들고 마셨다.

난 지루하고 졸려 시계를 자주 보며 벗어날 시간만 기다렸다. 마음 같아서는 문을 탁 박차고 나가 집으로 걸어가고 싶었다. 하지만 길을 잘 모르는 나는 누가 데려다 주지 않으면 돌아갈 수 없었다. 조용한 주택가라서 택시를 잡을 수도 없었고 또 택시를 타자니 돈이 아까웠다. 미카엘이 나를 집에 태워다주기로 했지만 그는 어디 숨었는지 보이지 않았다.

한참을 찾아다니다가 구석방 소파에 어떤 여자애 옆에 잠들어 있는 남자가 그 애 같아서 다가가서 미카엘의 옆 얼굴을 확인했다. 조금 떨어져 그 두 사람을 유심히 살폈다. 그들의 밀착된 자세에 내가 개의할 일은 없었지만 아무래도 미카엘은 술이 잔뜩 취해 있는 것 같았다. 그 애가 금세 자리를 털고 일어설 것을 기대할 수는 없었다. 게다가 술 취한 상태인 것 같아 운전을 시킬 수도 없었다.

다른 친구를 찾으려 두리번거려 보았다. 자동차를 가져왔을 것 그리고 술을 마시지 않았을 것의 두 조건을 충족하는 적임자는 아무도 없어 보였다. 그냥 머뭇거리다가는 꼼짝없이 아침까지 그 집에 머물러야 할 것 같았다.

나는 무작정 그 집을 나왔다. 밤공기가 몹시 찼다. 택시를 타고 갔던 길이라 간선 도로가 어느 방향인지 알 수 없었다. 주택가인데도 길가에 십년 넘은 키 큰 나무들이 가지를 늘어뜨리고 있어 그늘에서 갑자기 괴한이라도 나올까 겁이 났다.

자동차가 자주 다니는 길을 찾아 한참을 헤매었다. 간신히 저만치서 구 시가지의 끝자락이 보이고 상점의 불빛이 반짝이는 것을 발견했다. 구 시가지로 접어들었지만 길 찾기는 이곳에서도 간단치 않았다. 구 시가지의 좁고 꼬불꼬불한 길을 돌고 돌다 보니 조금 전 지난 가게 앞으로 돌아오곤 했다. 구시가를 가로질러 내가 사는 삼 층 집을 찾아 갈 일이 막막했다.

그때 성당의 종소리가 울렸다. 종소리는 은은하고 훈훈하게 몸을 감쌌다. 나는 이제는 살았다 생각하고 종소리가 울렸던 방향으로 걸었다. 멀리서 성당의 첨탑이 보였다. 언덕에 올라가니 아까 내가 나왔던 골목이 저만치 보였다. 그러고 보니 아까 내가 놀러 갔던 집은 성당에서 그리 멀지 않았다. 성당은 구 시가지의 중심에 있으니까 그곳에 도착하면 내 집을 찾아 가는 것은 문제도 아니었다.

드디어 언덕만 넘으면 성당에 도착하기에 이르렀다. 그때 나는 성당 앞 계단에 세 명의 한국남자가 맥주병을 손에 들고 떠들고 있는 것을 발견했다. 나는 이제는 안심이라고 생각하며 그쪽으로 다가갔다. 그쪽에서도 나를 보고 반갑게 손짓했다. 그 중의 한 명이 내게 소리를 질렀다.

"밤 열 두 시에 한국 처녀가 어디를 다녀오는 길입니까? 저쪽 골목에 친구 집이 있나 보군요."

그의 질문은 숨겨둔 애인 집에 다녀오는 탕녀를 꾸짖는 말투였다. 나는 어둠 속에서 희미하게 보이는 그 남자의 얼굴을 뚫어지게 쳐다보았다. 그의 얼굴이 기억났다. 이름이 도칠이라고 했지만 나에게는 영화관에서 만났던 남자로 기억되고 있었다.

도칠은 삼 층 집으로 이사 온 다음날 저녁 집으로 불쑥 찾아온 적이 있었다. 나는 노크 소리를 듣고 인희가 왔나보다 하고 누군지 물어보지도 않고 문을 열었다. 뜻밖에도 문밖에는 모르는 한국 남자가 서 있었다. 그는 초대받은 남자 친구라도 되는 양 화사한 꽃다발을 들고 있었다. 내가 그의 방문에 의아해 하는 표정을 보이자 그는 다른 손으로 문을 확 밀치며 방안으로 들어왔다.

"드디어 방을 구하셨군요. 축하해요. 우리가 전에 영화관에서 만난 일 기억나요?"

나는 갑자기 약점 잡힌 사람의 입장에 놓이게 되었다. 나는 엠마누엘을 상영했던 영화관에서 마주쳤던 일을 상기하고 얼굴을 붉혔다. 그때의 부끄러웠던 상황이 생생히 기억나 몸을 움츠렸다. 그 남자를 곧장 밖으로 밀어낼 기력이 없었다.

인희는 여자가 이 도시 한인회의 일원이 되기까지 여러 난관을 거쳐야 할 것이라고 진작에 내게 경고했었다. 이 도시에서는 한국인들끼리 서로 감시하며 지낸다고 했다. 처음 온 한국인은 그 감시망을 벗어나려 스스로를 고립시켰다. 학교 식당에서 한국 여학생이 독일 남학생과 같이 있는 모습을 들키면 바로 다음 날부터 독일 남자와 놀아난다는 소문이 한인회에 떠돌곤 한다고 했다. 심지어는 식당을 나설 때 한국 남학생으로부터 '매국노'라는 말과 함께 그가 뱉은 침을 뒤집어 쓴 여학생도 있었다고 들었다.

도칠은 용건이 뭔지 말하지 않고 시시한 이야기만을 늘어놓고는 좀체 가지 않았다. 그는 다른 한국 여학생이 독일 남자를 사귄다는 소문을 몇 가지 늘어놓으며 듣기 거북하게 쌍스러운 욕을 퍼부어 댔다. 자기는 귀국하면 그 여학생들의 주변 사람들에게 독일에서의 난잡한 행실을 낱낱이 폭로할 것이라고 했다. 도시락을 싸 가지고 다니며 그런 여자가 순수한 한국 남자와 결혼하는 것을 한사코 말리겠다고 했다. 자기는 결혼식장에 찾아가서 혼인무효를 외칠 용기가 있는 사람이라고 했다. 그의 격앙된 말투는 내게 향하는 은근한 협박으로 들렸다.

도칠은 나에게 단단히 주의를 주려는 듯 훈계를 늘어놓으며 저녁 식사 시간이 되도록 가지 않았다. 나는 한참을 머뭇거리다 할 수 없이 식당으로 나가 냉장고에 있는 고기와 채소를 넣고 찌개를 끓여 대접했다. 그 남자는 냄비 위로 고개를 숙이고 뜨거운 찌개 국물을 후루룩 들이마셨다. 내 눈에는 그가 암탉을 채가려는 족제비로 보였다.

왜 자꾸만 도칠과 마주치게 되는 걸까 짜증이 났다. 나는 잠시 성당 앞에 꼼짝 않고 서 있었다. 앞으로 퍼질 루머가 걱정되었다. 한밤에 혼자 돌아다닌 것은 오해의 소지가 있었다. 만약 이 일 때문에 소문이 나쁘게 난다면 이곳 생활이 훨씬 더 고달파 질 것이었다.

나는 무어라 변명이라도 건네 볼 양으로 도칠을 쳐다보았다. 불빛에 비친 그의 얼굴에 경멸인지 위협인지 모를 웃음이 스쳐갔다. 나는 흠칫 놀랐다. 그는 이미 내 행동에 대해서 판단을 마치고 죄를 물을 준비가 되어 있었다. 나는 구차하게 변명을 늘어놓을 필요가 없다고 생각하고 그에게서 돌아섰다.

하필 그때 저쪽에서 미카엘이 다가오면서 내 이름을 불렀다. 초저녁에 나를 집까지 태워다 주겠다고 약속했던 것을 잊지 않았나 보았다. 웃옷을 소매도 꿰지 않고 어깨에 걸친 헐렁한 옷차림이었다. 그는 성당 앞 계단 쪽으로 헐떡거리며 다가오더니 큰 소리로 말했다.

"네가 어디 간단 말도 없이 사라져서 걱정했어. 집에 돌아가고 싶다고 나를 깨웠으면 태워다주었을 텐데. 얘기하지 그랬어."

나는 완전히 망했다는 절망감에 빠졌다. 누가 들으면 영락없이 내가 그 남자애와 밀회를 즐기고 나서 잠든 사이에 빠져 나온 것 같았다. 그의 말은 변명이 먹히지 않을 상황이었다. 앞으로 돌아다닐 나에 대한 소문이 귀에 쟁쟁하게 들리는 듯 했다. 억울했지만 소문에 관해서는 삼심제가 아니니 상급 법원에서 뒤집을 수도 없었다.

신문

나는 그날 책상 위에 얌전히 놓여 있던 신문을 잊을 수가 없었다. 매일 독일어 활자에 눌려 지내던 내게 한글로 된 신문은 우선 눈물이 쏙 나오게 반가웠다. 고국이 내 책상에 올라 앉아 있는 듯 가슴이 뜨뜻해졌다. 게다가 그것은 한국 사람은 한 명도 오지 않는 학교 도서관의 내 지정석에 놓여 있었다.

신문에 또박또박 박힌 한글을 본 순간 비가 오나 눈이 오나 아버지에게 집어다 드렸던 신문이 생각났다. 아버지는 신문을 다 읽고 나서는 나를 무릎 위에 앉히고 책상위에 펼쳐진 신문에 손가락을 가져다 대고 내가 읽을 수 있는지 물어보곤 했다. 내가 또랑또랑 대답하기라도 하면 내 머리를 쓰다듬고는 다른 글자를 가리키곤 했다. 내가 신문을 보고 고향의 아버지를 본 듯 반가웠던 것은 자연스런 반응이었다.

조금 후 나는 감상에서 빠져나와 책상 위의 신문을 의심스러운 눈초리로 쳐다봤다. T시까지 한국 신문이 배송된다는 이야기는 들은 적이 없었다. 나는 한국에서 비행기를 타고 올 때 보던 신문을 기내에 두고 내린 일을 두고두고 후회하고 있었다. 묵은 신문이라도 가지고 왔더라면 책상 위에 놓아두고 한국과 비슷한 분위기를 연출할 수 있었을 터였다. 인희 말로는 간혹 프랑크푸르트를 왕래하는 한국인에게서 묵은 신문을 빌려볼 수 있다고 했다. 하지만 나는 아직 그런 한국인을 사귀지 못했다.

신문을 양손으로 잡고 자세히 들여다보았다. 활자의 크기와 판형이 한국에서 보던 신문과는 사뭇 달랐다. 한국의 신문은 표제를 한자로 뽑고 기사에는 한글 한자 병용으로 되어 여백이 없이 검었다. 그리고 옛날 책처럼 위에서 아래로 수직쓰기를 했고 오른쪽에서 왼쪽으로 읽어나가게 되어 있었다. 그런데 이 신문은 한글 전용에다가 왼쪽에서 오른쪽으로 읽어나가는 가로쓰기를 하고 있었다. 분명히 한국에서 인쇄된 것은 아니었다. 신문을 이리저리 살펴보아도 발행인이나 발행지는 표시되어 있지 않았다. 신문이나 잡지의 운송 가격이 매우 비싸서 프랑크푸르트에서 중요한 기사만 골라 복사해서 돌려본다는 얘기를 들었던 터였다. 나는 그것이 그런 보급판 한국 신문인 줄 알았다.

어쨌든 한글에 대한 반가움에 기사를 읽어 나가기 시작했다.

"한국인 광부 세 명 지하에 매몰되다."

나는 광산 사고로 한국 광부가 갇혀있다는 소식을 안타까운 마음으로 읽었다.

그 다음 기사를 읽는데 낯선 문구가 눈에 띄었다.

"위대한 수령 동지께서 다음과 같이 말씀하셨습니다."

다른 기사들을 살펴보니 매번 똑같은 문구가 기사 첫머리에 들어 있었다. 그리고 기사 옆에 단체로 찍은 사진이 실려 있었는데 복장이 아주 낯설었다.

그제야 나는 퍼뜩 깨달았다.

"아뿔싸, 이것은 북한 사람이 만든 신문이구나."

그 사실을 깨닫는 순간 나는 등골이 서늘해지는 공포를 느꼈다.

나는 얼른 주위에 누가 없나 휘휘 둘러보았다. 아무도 없었다.

그 방은 동양 서적 열람실이라서 평소에도 한적했다. 내가 북한 신문을 읽는 것을 본 사람이 없다는 사실을 확인하고 안도의 한숨을 내쉬었다. 하지만 잠시 후에는 혹시 옆방에 있는 사람이 본 것은 아닐까 하는 불안이 가슴에 차올랐다.

신문을 책상 서랍 속 책 밑에 감추어두고 얼른 옆방으로 가 둘러보았다. 두 명의 학생이 책과 노트를 펼쳐 놓고 토론을 해 가며 숙제를 하고 있었다. 둘 다 독일 학생이었다. 그 학생들은 내가 곁에 가도 모르고 자기들 일에 푹 빠져 있었다. 그들에게 나 같은 동양 여자는 안중에도 없었다. 그 학생들은 나를 한국 정보부에 밀고하지 않을 것이라고 확신하고 그 방을 나왔다.

나는 여권을 받기 전에 정보부에서 실시하는 반공 교육을 받아야 했다. 이틀 동안 아침 9시부터 저녁 6시까지 열 명 이상의 강사에게서 북한의 대외 공작에 관한 강의를 들었다. 통일원 교수와 정보부 공안 요원이 외국에서 주의해야 할 사항에 대하여 세세히 설명하였다.

오후 수업에는 귀순 간첩이 강단에 섰다. 귀순 간첩은 외국에서 활동하는 북한의 첩보원이 어떤 식으로 접근하는지 구체적인 실례를 들어 설명해 주었다. 평양 냉면이 먹고 싶어 음식점에 들어갔다가 여자 공작원에게 유혹을 받고 스파이가 된 사례, 한국 전쟁 중에 헤어져 소식이 없는 동생의 편지를 들고 나타난 사람을 따라 나섰다가 스파이가 된 사례, 그리고 북한 서적이나 신문을 몇 번 제공받다가 서점을 안내해 준다고 데리고 가서 스파이로 만든 사례가 특히 재미있었다. 그렇게 포섭한 남한 여자를 어떻게 자기네 첩보원으로 교육시키는지 하는 일도 세세하게 이야기해주었다.

반공 교육 둘째 날은 독일로 가는 사람들만 따로 모여 교육받았다. 교육생은 대개 광부와 간호사였고 유학생은 극히 드물었다. 강사로 나온 정보부 담당관은 우리에게 동 베를린 납치 사건과 최종길 교수 사건을 중점적으로 설명했다.

학창 시절 은사였던 최교수에 관한 이야기는 특히 자극적이었다. 최교수가 간첩 혐의로 정보부에서 조사받던 중 화장실 창문 밖으로 떨어져 사망했다는 신문 기사를 읽고 제자들은 깊은 의혹을 품고 있던 터였다. 정보부 담당관은 그 사상 교육 시간에 최교수가 북한에서 제공한 공작금으로 독일 유학을 했다는 둥, 한국에서 강의 시간에 학생들을 포섭해서 북한을 찬양하는 데모를 하게 선동했다는 둥 확인되지 않은 일들을 사실인양 떠들어댔다. 나는 그의 조작된 이야기에 혐오감이 일면서 누구라도 간첩으로 조작될 수 있다는 사실에 몸을 떨었다.

하여간 사상 교육을 받고 분명히 인식한 것은 어떤 식으로든 북한과 연결이 될 만한 꼬투리를 잡히면 간첩으로 오인되어 평생을 감옥에서 썩어야 한다는 사실이었다. 간첩으로 오해받게 되면 귀국할 수도 없고 행여 귀국했더라도 번듯한 직장에 취직할 수도 없게 된다. 나는 그 사실을 이틀 간 교육을 통해서 열 번도 넘게 주입받았다.

오전 내내 나는 그 신문을 아무에게도 들키지 않고 버릴 수 있는 방법을 고심했다. 불온한 인쇄물은 태워버리는 것이 제일 안전할 것이라고 판단했다. 건물 밖에 나가 종이를 태울만한 곳을 둘러보았지만 푸르게 가꾸어진 잔디와 기하학적으로 깎여진 침엽수 틈새 어디에서도 허접한 흙바닥을 찾을 수 없었다. 게다가 독일인은 불장난에 대해 매우 엄격히 처벌한다고 들었다. 나는 신문을 소각시키겠다는 계획을 버렸다.

그렇다고 신문을 들고 집으로 가서는 절대 안 되었다. 어떻게 해서든 캠퍼스 안에서 해결하는 것이 안전했다. 사람이 가장 많은 곳에 가져다 놓으면 누구 것인지 모르게 되겠지 하고 판단했다. 어느 곳이 사람이 북적거리면서도 혼잡한 곳일까 곰곰 생각해 보았다. 내 경험으로는 점심 시간의 구내 식당 식권 판매대 근처가 가장 붐비곤 했다.

나는 점심 시간까지 안절부절 책상 근처를 왔다 갔다 했다. 12시 15분 전에 신문을 가방에 집어넣고 식당으로 향했다. 식권 판매대 가까이 가려는데 앞에 줄 서 있는 학생 중에 한국인이 있는 것이 눈에 띄었다. 나는 화들짝 놀라 식당에서 급히 나왔다. 다른 혼잡한 장소를 찾아 돌아 다녔지만, 점심 시간에 모두들 식당으로 갔는지 다른 건물들은 아주 조용했다.

나는 다시 식당 건물로 가서 식당 안을 기웃거렸다. 한 번 놀란 가슴은 이번에도 쿵쿵 뛰었다. 식당 밖에는 문방구를 광고하는 전단지가 잔뜩 쌓여 있었다. 나는 그 전단지를 몇 장 집어 들고 화장실에 들어갔다. 가방에서 북한신문을 꺼내 그 전단지로 몇 겹을 싸서 손에 들고 나왔다. 그리고 그 종이 뭉치를 학생들이 핫도그 빵을 먹고 나서 포장지와 남은 빵 조각을 버리는 쓰레기통에 안쪽 깊숙이 던져 넣었다. 식당을 후다닥 뛰어 나왔다.

누가 내 책상 위에 신문을 두고 갔을까. 아무리 생각해 보아도 짐작이 가질 않았다. T시에 친구라고는 인희 밖에 없는데 인희는 학교 도서관에 들어와 본 적이 없었다. 점심을 걸렀지만 허기를 느끼지 못했다. 도서관 책상에 앉아 오후를 이런 저런 생각으로 보냈다. 그러다가 한 가지 단서를 찾을 수 있을 방법이 생각났다.

도서관 입구에는 학생증을 검사하는 직원이 앉아 있어 외부인은 들어 올 수 없었다. 법대에는 한국 학생이 나 혼자뿐이었다. 나는 직원에게 다른 단과대 학생이 들어 올 가능성은 없는지 물어보았다. 출입 허가 신청서를 작성하면 다른 학생증을 가지고도 출입이 가능하다고 했다.

나는 직원에게 그 출입 신청서를 좀 보자고 했다. 직원은 처음에는 안 된다고 했다. 그러더니 마음씨 좋아 보이는 직원은, 전에 나를 방문했던 고향 친구를 꼭 만나고 싶어서 그런다는 간절한 호소에 마음을 열었다. 나는 신청서 더미를 뒤적여서 한국인의 이름 하나를 찾았다.

"논문 작성을 위해 법률 서적의 열람이 필요함. 인문대학 정치학과 석사과정생 서도칠."

그 이름을 읽는 순간 소름이 끼쳤다. 족제비는 학교에까지 손을 뻗치고 있었다.

나는 그날의 신문 사건이 파멸의 계기가 되지 않을까 하는 걱정에 잠을 이룰 수 없었다. 한국에서 일어난 사건의 소용돌이를 피해 간신히 독일로 피신했건만, 이제 다시 이곳에서 간첩 사건에 휘몰리게 되는 것인가. 숨을 곳이 없을지도 모른다는 생각에 온몸이 오싹했다.

유학을 꿈꾸다

제4장 고립의 늪에 빠지다

Fall into isolation

제4장 고립의 늪에 빠지다

양떼

나는 그날 아홉 시 수업을 듣기 위해 여덟 시 삼십 분 쯤 집을 나섰다. 큰길로 걸어가면 학교까지 이십오 분 걸리지만, 뒷길로 질러가면 십오 분에 갈 수 있는 거리였다. 뒷길은 완만한 언덕에 면해 있었다. 푸른 잔디가 펼쳐져 있는 언덕 아래 길을 걸을 때, 나는 일부러 노래를 흥얼거렸다. 노래를 부를 때면 어두운 구름이 걷히곤 했다. 언덕만 지나면 일렬로 늘어선 대학건물들이 보였지만 언덕 밑에서는 그 너머에 건물들이 나타나리라고 예상하기 어려울 정도로 전원 분위기가 짙었다.

오르막길에는 햇볕이 화창하게 들었다. 목덜미가 따뜻하게 느껴졌다. 오랜만에 나는 들뜬 기분으로 변했다. 바로 옆에 양 떼가 풀을 뜯고 있는데 그냥 지나치고 싶지 않았다. 늘 이 언덕을 넘어 다녔지만 이렇게 많은 양 떼가 나를 둘러싼 일은 처음이었다. 나는 언덕을 올라갔다. 양들은 사람이 다가가도 개의치 않고 풀을 뜯는 일에 열중하고 있었다. 나는 양들 옆에 노트를 깔고 앉았다. 사진기가 있었더라면 양떼 언덕을 배경으로 사진을 찍어서 고향 친구에게 자랑하고 싶다는 생각을 하며 앉아 있었다. "너희들 정말 귀엽다."하고 작게 소리 내어 말해 보려는 순간 갑자기 가슴이 찢어지는 아픔이 느껴졌다. 옷을 추스르고 일어서려는 순간 눈앞이 어지러워지면서 양 떼들이 하늘을 향해 눈송이처럼 날아가는 환영이 보였다. 다리에 힘이 빠져 다시 그 자리에 주저 앉았다.

한참 동안 정신 줄을 놓고 있었다. 눈에서 눈물이 주르륵 흘러내렸다. 입에서 울음소리가 흘러나오는 것을 어쩔 수 없었다. 울음을 그치지 못하고 잔디밭에 엎드려 소리 내어 울었다. 이렇게 울다간 눈이 퉁퉁 부어 버릴 터였다. 그러면 창피해서 학교에 가는 걸 포기할 수밖에 없게 될 것이다. 이대로 집에 돌아가면 처량함을 떨쳐 낼 수 없게 될 것이었다. 그래도 학교에 가 사람들 속에 앉아 있는 편이 낫다고 생각했다. 나는 울음을 그치려고 애썼다.

누군가가 나의 어깨를 흔들었다. 나는 타인에게 우는 얼굴을 보이기 싫어 뒤돌아보지 않고 무릎 사이로 고개를 박았다. 어깨로 사람의 손길이 다가왔다. 이번에는 뒤쪽에서 양어깨를 보듬어 안는 커다란 남자의 두 손이 느껴졌다. 고개를 조금 돌려 그 손들을 내려다봤다. 핏줄이 불끈 드러난 늙고 앙상한 손이었다. 누굴까. 이런 손의 임자를 아는 사람이 없는데. 나는 호기심에 뒤를 돌아보았다.

나비 넥타이에 양복을 깨끗이 차려입은 할아버지는 집주인 헬무트였다. 눈물로 얼룩진 얼굴을 보이고 싶지 않았다. 나는 그를 흘깃 보고 고개를 숙였다. 흐트러진 모습으로 아는 사람을 만나서 부끄러웠다. 헬무트는 작은 목소리로 말을 걸어 왔다.

"넘어졌군? 내 손을 잡고 일어나."

"괜찮아요. 혼자 일어나겠어요."

내가 일어서자 헬무트는 내 얼굴을 찬찬히 쳐다보더니 말했다.

"삼 층에 사는 한국 여학생이군. 어디 아픈 데가 있나?"

"아무 일도 없어요. 그저 학교 가는 길에 잠시 쉬던 참이었어요."

헬무트는 나의 심정을 잘 이해한다는 듯이 고개를 끄덕이며 측은해 하는 표정을 듬뿍 담아 파란 눈을 계속 깜박였다.

"학생은 대학 본부 옆 법대로 가겠지. 나도 그쪽으로 가는 길인데 같이 걷지."

나는 헬무트가 학교에서 근무하기에는 너무 늙어 보인다고 생각했다.

"할아버지는 학교에 무슨 일로 가시나요?"

"학생 휴게실에서 커피숍을 운영해. 거기 들러서 커피 한 잔 하고 수업에 들어가도 늦지 않을 거야. 내가 맛있게 만들어 줄게"

"식당 건물 일 층에 있는 그 커피숍이요?"

"거기 맞아."

나는 노인이 커피숍에서 손수 커피를 만드는 일을 한다는 사실이 이상해서 살며시 머리를 흔들었다. 한국의 다방에서는 젊은 미모의 아가씨 아니면 일할 수 없었다. 독일에서는 남자가 집에서 요리도 하고 커피도 끓이는 일이 흔했다.

헬무트가 내게 커피를 공짜로 주겠다고 했지만 나는 거절했다. 대신 그는 야생초 차 한 잔을 가져다주며 마음이 편안해질 것이라고 했다. 노란색의 차는 한약 비슷한 맛이 났다. 차를 다 마시고 강의실로 가려는데 헬무트가 조심스레 물었다.

"학생은 오늘 오전 수업 몇 시까지 있어?"

"열한 시에 끝나고 오후 세 시에 또 다른 강의가 있어요. 왜요?"

"오전 수업 끝나고 커피숍에 와서 한두 시간 아르바이트하지 않을래?"

"저는 유학 비자를 갖고 있어 취업할 수 없는데요."

"알아. 하지만 일주일에 열 시간까지는 일해도 돼. 전에도 유학생을 고용해 봤거든. 월요일부터 금요일까지 매일 두 시간씩만 일해 줘. 급료는 다른 가게보다 더 많이 줄게."

"고마워요."

"좋아. 그럼 열한 시에 수업 끝나면 바로 와."

"네!"

요일마다 수업 시간에 따라 근무 시간이 조금씩 바뀌기는 했지만, 헬무트는 점심 시간이 제일 바쁘다면서 될 수 있으면 그때에 와달라고 했다. 나는 수강과목을 바꾸어 점심 시간을 비웠다. 돈을 벌 수 있게 된 것이 무척 기뻤다. 방값이 비싸 부담스러웠던 고민은 이것으로 해결된 셈이었다. 커피숍에서 일하다 보면 독일인과 회화 연습도 되어 말도 잘하게 될 것이다.

커피숍에는 독일 도시마다 문양이 그려진 머그잔과 동물 인형이 선반 가득히 진열되어 아늑한 분위기를 만들었다. 빼꾸기 시계가 열두 번을 울자마자 기다렸다는 듯이 학생들이 잔뜩 몰려왔다. 햄과 치즈가 끼워진 둥근 샌드위치에 커다란 머그잔의 커피를 마시는 학생들로 휴게실은 빈 의자 없이 꽉 찼다. 빈 컵을 설거지대에 갖다 놓고 탁자를 닦는 일을 두 시간 하고 났더니 어깨가 뻐근해서 책가방을 들 힘조차 없었다.

"학생 이름이 뭐지? 들었는데 기억이 나질 않아."

"은……영……"

"우우 발음하기 어렵네. 다른 이름 없어?"

"미뇽은 어때? 시에 나오는 이름인데 멋지잖아."

"독일식 이름은 싫어요."

"미뇽은 독일 이름은 아니야. 프랑스 쪽에 가까워."

"그래도 싫어요."

나는 독일 이름을 갖고 독일인처럼 행세하는 것이 싫었다. 조국을 배반하는 짓 같았다. 자의식을 상실한 양아치처럼 변해 갈것만 같았다.

다음 날부터 헬무트는 내 의사에 상관없이 나를 미뇽이라고 불렀다. 단골손님들도 곧 이름을 기억하고는 주문할 때마다 미뇽을 찾았다.

커피

두 시간의 일이 끝나고 나면 헬무트는 나에게 탁자에 앉으라 하고는 손수 커피를 뽑아 주었다. 나는 커피를 마실 줄 모른다고 고개를 저었다. 헬무트는 설탕을 넣어 휘젓고 나서 우선 냄새부터 맡아 보라고 머그잔을 코앞에 갔다 댔다.

처음으로 커피를 한 모금을 마셔보았다. 그 검은 물이 주는 탁한 느낌이 역겨웠다. 목을 타고 넘어 식도와 위와 장을 오염시킬 것 같은 검은 물이 징그럽게 느껴졌다. 커피가 순수한 위장을 더럽히는 기분이 들었다. 목으로 넘어가서 식도와 위를 검게 만드는 커피의 이동이 뇌 속에 선연히 그려져 거부감이 들었다.

나의 미각을 향상하려고 노력하는 헬무트의 시선을 의식해 어쩔 수 없이 마셨지만 싫다는 사람에게 억지로 권하는 괴팍한 할아버지가 징그럽게 싫었다. 불투명하게 검은 액체가 거부감을 불러 일으킨다는 사실을 털어놓을까 망설였지만, 괜히 비웃음만 살 것 같아 그만두었다.

한 달이 지나자 나는 커피를 내 손으로 뽑아 마시기 시작했다. 그러자 헬무트는 커피머신을 다루는 방법과 맛있게 커피를 뽑는 비법을 나에게 알려주었다. 카운터에서 돈을 다루는 일도 종종 내게 맡겼다. 어떤 날에는 가게를 온통 나에게 맡기고 외출하기도 했다.

그날 헬무트는 시내에 다녀올 테니 한 시간만 혼자서 가게를 꾸려가라고 말하고 외출했다. 오후 한 시는 손님이 끊이지 않고 오는 시간이었다. 나는 계산을 하랴 커피를 만들랴 무척 바빴다. 한 시간이 어떻게 지났는지 모를 정도였다. 헬무트가 돌아오는 모습을 보고 안도의 한숨을 내쉬었다.

"미뇽! 나 없는 동안 손님 많았어?"

"네, 돈 통이 꽉 찼어요. 여기 보세요!"

"미뇽! 정직하게 계산한 거야? 나 거짓말하는 사람은 싫어."

"왜 날 믿지 못하는 거예요?"

"다시 한번 말한다. 주인을 속이는 사람에게는 일거리를 주지 않겠어."

"헬무트! 나를 외국인이라고 무시하는 거군요? 나도 근거 없이 의심하는 사람 밑에서는 일하고 싶지 않아요."

나는 앞치마를 벗어 싱크대 위에 놨다. 헬무트를 쳐다봤다. 싱크대에서 설거지를 하는 그에게 당당히 따졌다. 이대로 물러서면 누명을 뒤집어쓰게 될 것 같았다. 그것만은 막고 싶었다.

"헬무트! 저한테 함부로 누명을 씌울 권리는 없어요. 사과하세요."

"미뇽, 너 잘못한 것 있어. 잘 생각해 봐! 내가 조금 전에 가게에 들어서다가 네가 한국 친구의 주머니에 돈을 집어넣어 보내는 것을 봤어. 마주치면 네가 민망할까 봐 화장실에서 시간을 보내다가 가게로 돌아왔던 거야."

그제야 나는 무엇이 잘못되었는지 깨달았다. 조금 전에 인희가 처음으로 가게에 왔다. 나는 커피 한 잔을 뽑아주었다. 인희는 계산대에 있던 내 앞에 서서 커피를 홀짝 마시고 나서 커피값이라면서 돈을 내밀었다. 나는 친구 사이에 무슨 돈이냐고 돌려주려 했다. 친구가 완강히 거절하는 것을 쫓아 따라가며 주머니에 그 돈을 찔러 주었다. 헬무트가 주머니에 돈을 넣는 모습만 본 것이라면 내가 돈을 빼돌린 것으로 오해하기 딱 좋은 상황이었다.

"주인이 오해할 만했어요. 인정해요. 그 돈은 친구가 내려는 커피 값이었어요. 그냥 돌려주었던 것이어요."
"커피 값을 돌려주려 했다고? 왜 네 맘대로?"
"그럼 친구에게 커피 한 잔 값을 받으란 말 이 예요?"
"여기가 네 가게는 아니잖아. 당연히 받아야지."
"내가 점원인데 어떻게 친구에게 돈을 받아요?"
"미뇽, 너 참 이상하다. 너 내 입장에서 계산해 주어야 하는 것 아니야?"

나는 곰곰 생각에 잠겼다. 한국에서라면 어땠을까. 친구가 와서 커피 한 잔 마신 것을 가지고 돈을 받아야 할까. 모르겠다. 한국에서는 커피숍 점원으로 일해 본 적이 없었다. 어쨌든 한국에서는 친구 사이에 똑 떨어지게 계산하면 친구를 잃는다고 배웠다. 이 나라 사람들은 친구 사이에도 야박하게 셈하는가 보았다.

앞치마를 벗고 나오는 나에게 헬무트는 지난 며칠 간의 임금에서 그 한 잔의 커피 값을 뺀 돈을 내밀었다. 헬무트가 정산한 금액을 쥔 나는 그에게 느꼈던 친근감이 깨끗이 사라지고 정나미가 떨어지는 기분이 들었다.

그런대로 주머니에 보탬이 되었던 일자리가 떨어졌으니 돈을 아껴야 했다. 빵 두 쪽과 우유 한 잔으로 저녁을 때우고 책상에 앉아 다음 주 발표할 논문을 타자치고 있었다. 누군가 방문을 두드리는 소리가 들렸다. 밤늦게 타자치는 소리 낸다고 뭐라고 하는 건가. 나는 급히 웃옷을 걸치고 빠끔히 내다봤다.

헬무트였다. 혹시 낮의 일 때문에 마음이 아직도 상해 있는 것 아니냐고 물었다. 속상해하지 말고 다음 날도 일하러 나와 주었으면 좋겠다고 했다. 그러면서 문제는 내가 독일 문화를 이해하지 못하는 데에서 비롯된 것이지 자기 잘못이 아니라고 단호히 말했다. 독일에서 공부하려면, 그리고 자기 가게에서 일하려면 독일의 관습에 적응해야 할 것이라고 덧붙여 말했다. 나는 잘못의 원인을 전적으로 나에게 돌리는 헬무트의 말투에 기분이 나빴다. 내일 일은 내일 생각해 보겠다고 대답하고는 문을 닫았다.

헬무트는 우리가 충돌했던 문제를 정면에서 건드린 셈이었다. 그런 태도가 자신의 의도를 밝히지 않고 빙 돌아서 깐죽거리거나 경멸하는 태도보다는 훨씬 나은 편이라고 생각했다. 나는 헬무트의 말을 귀담아듣기로 했다. 헬무트는 자기가 하고 싶은 이야기를 다 했으니 미련이 없을 것이었다. 나도 이곳 관습을 몰랐던 것뿐이었으니 움츠러들 필요는 없다고 생각했다.

나는 다음 날 출근해서 그동안 서운했던 일을 헬무트에게 모두 말하기로 결심했다. 나는 처음 카운터를 맡은 날부터 헬무트가 돈 문제로 경계하는 기색을 눈치채고 기분 나빠해 왔고 털어놨다. 의심의 눈초리가 야속했었다고, 그리고 자신은 한 푼도 착복하지 않았다고 똑 잘라서 이야기했다. 어제 일은 문화의 차이에서 비롯된 일이었을 뿐 나에게 돈을 훔칠 의사는 없었다고 했다. 어제 당신네의 문화에 따라 친구가 마신 커피 한 잔 값을 계산했으니 나에게는 더는 마음의 빚이 없다고 말했다.

헬무트는 자기도 그런 내 마음을 짐작하지만 나를 제대로 가르치고 싶었다고 했다. 아무 일도 없었던 것처럼 다시 나에게 할 일을 지시하고 돌아서는 헬무트의 뒷모습을 불편한 마음으로 바라보았다. 이 사람들과 마음을 나누는 진정한 친구 사이가 될 수는 없을 것 같았다.

그 사건 이후 헬무트는 독일인의 습성을 알아야 독일 사회에 적응할 수 있다고 매사에 나를 교육하려 들었다. 나는 헬무트의 교육을 거부하지 않았다. 나를 독일인으로 만들려는 속셈인가 의심될 정도로 예절 교육에 열성이었다. 덕분에 학교에서 조교들과 쉽게 친해질 수 있었으니 실생활에 꽤 도움이 된 셈이었다.

나는 이곳에서 약자라는 생각이 마음을 깊이 파고들었다. 약자들은 호젓한 곳에 숨어 있기를 좋아하는 존재이다. 나는 삼 층 집 지하실, 물품을 보관해두는 창고에 좁은 공간이 남아 있는 것을 발견했을 때 환호했다.

학교에 가기 싫을 때 지하 창고에 숨어들어 길에서 주워온 나무토막을 깎아 보았다. 시간이 빨리 흘렀다. 창고바닥이 쓸모없는 나뭇가지와 깎다 버린 나무 쓰레기로 푸근하게 채워졌다. 그 위에 낡은 담요를 깔고 앉아 보았다. 시간이 잘 갔다. 그것은 상처받은 마음의 지유를 향한 노력이었다.

국제 전화

일요일에는 삼 층 집이 절간처럼 적막했다. 집에 혼자 남아 있노라면 깊이 눌러 놓았던 외로움이 고개를 들었다. 외국인에게는 괴로운 날이었다. 이 집에 사는 자취생들은 토요일 아침에 부모 집에 가서 일요일 밤늦게 돌아오곤 했다. 토요일이 되면 집이 더 춥고 음산해졌다. 마루를 걸을 때마다 나는 삐걱 소리조차 고립감을 한층 키웠다.

일요일을 무난히 흘려보내는 것은 어려웠다. 감정의 기복 때문에 훌쩍이다가 격렬한 울음을 터뜨리거나 침입자에 대한 두려움으로 발발 떨고 지내기 일쑤였다. 그날은 열 시까지 침대에 웅크리고 있다가 창가에 놓인 책상겸용 식탁에 앉아 천천히 아침 식사를 했다. 상을 치우고 나니 열한 시였다. 나는 오전을 거의 다 보낸 것을 다행이라 여겼다.

나도 주말마다 부모에게 다녀올 수 있다면, 혼자 사는 나날이 이렇게 외롭지는 않았을 것이다. 방학 때마다, 아니 일 년에 한 번씩이라도 한국에 다녀올 수 있었더라면 이런 우울증을 겪지는 않았을 것이다. 언제 끝날지 모르는 학위 과정을 모두 끝내야 고국에 돌아갈 수 있는 신세가 한탄스러웠다.

창밖에는 눈이 내리고 있었다. 유리에 바짝 다가가 길거리를 내다 보니 인적이 전혀 없었다. 포장도로는 밤새 쌓인 눈으로 하얗게 덮여 시골길처럼 보였다. 하얀 바탕에 솟아 있는 전나무의 검푸른 삼각형이 화살촉처럼 박혀있었다.

독일에 온 후 나의 마음에는 뾰족한 화살촉이 매일 하나씩 박혔다. 일요일이면 그 화살촉들이 한꺼번에 달려들어 살을 찌르는 느낌이었다. 뒷산의 전나무를 보면서 고향 집의 소나무를 떠올려 보았다. 깜짝 왼쪽 가슴이 따갑게 느껴졌다. 유연한 몸매를 자랑하며 허리를 비틀어 보이던 소나무의 자태가 생생히 떠올랐다. 하얀 눈벌판에 소나무를 군데군데 옮겨 놓은 정경을 상상했다. 주먹 크기로 몽글몽글 뭉쳐있는 솔잎 덩어리가 방울 소리를 내는 듯했다. 나는 고향 야산의 소나무를 좋아했다는 사실을 처음 깨닫고 깜짝 놀랐다. 주위에 너무 흔해 무심코 지나치곤 했었던 일이 미안했다.

방의 다른 쪽 창문으로 가서 눈이 쌓인 사각형의 안뜰을 내다보았다. 아무도 없었다. 수백 년 된 건물의 안채는 중세의 수도원을 연상시켰다. 집안에서 창밖으로 내다보는 설경은 고립을 실감하게 만들었다. 눈만 보면 나가서 뛰어놀고 싶어 했던 어린 시절의 경쾌함은 고향에 묻어 두고 왔다. 낯선 도시에 내리는 눈은 내 몸에 닿아서는 안 될 것 같이 차갑게 보였다. 햇살이 눈에 통증을 일으켰다. 눈에 반사되어 너무나 밝게 빛나는 바깥으로 나갈 엄두가 나지 않았다.

나는 한참을 방의 한쪽 벽을 쳐다보았다. 그 벽은 하얀 페인트로 칠해져 있었다. 온통 하얀 세계 속에서 내 안의 열정이 아주 작게 오그라들었다. 객지에서 더 버틸 힘이 없었다. 고향에 대한 그리움을 끊는다는 것이 이토록 힘이 들 줄은 몰랐다.

고향의 친구들을 생각했다. 잠깐 만났던 사람까지 모두 떠올려 봤다. 친구들의 얼굴이 거의 떠오르지 않았다. 참을 수 없이 그리우면서도 그 모습이 선명하게 떠오르지 않는다는 사실이 믿기지 않았다. 그들의 사진을 가져오지 않은 것이 안타까웠다. 살던 집, 다니던 학교, 친구들과 거닐던 거리, 그런 것들을 담은 사진을 가지고 왔어야 했다. 한 달 전만 해도 사진이 필요 없었다. 그저 어떤 사람을 생각하기만 해도 그 모습이 곧 머리에 떠올랐다. 요즈음 찾아온 갑작스러운 기억의 단절이 나를 당황케 하였다. 작은 단서라도 찾아내어 친구들의 얼굴을 복원해 기억 속에 담아두어야겠다.

화장실에 나가다 보니 빨간색 전화기가 마루 탁자 위에 앙증맞게 놓여 있는 것이 가슴을 찔렀다. 그 전화기는 받기만 하고 걸 수는 없게 장치되어 있었다. 전화를 걸려면 집 건너편 인도에 설치 되어 있는 공중전화를 이용해야 했다. 나는 시내전화만 두세 번 걸어 보았다. 동전을 계속해서 잔뜩 넣으면 국제 전화도 가능하다고 들었지만 나는 비싼 통화 요금을 생각만 해도 손이 떨려 감히 국제 전화를 걸어볼 엄두를 내지 못했다. 문득 고향 집 안방에 놓여있던 까만 전화기가 떠올랐다. 집에 전화해 볼 수만 있다면 얼마나 좋을까 하는 안타까움이 몰려왔다.

방에 돌아와 바람을 빼서 납작하게 접어 침대 밑에 넣어 놓았던 여행 가방을 끄집어냈다. 사철 입을 옷 각 두 벌씩, 그리고 전공 책 다섯 권으로 꽉 찼었다. 그래도 이십 킬로그램이 초과해서 옷 한 벌과 책 두 권을 뽑아내 휴대용 가방에 옮겨 넣고야 비행기에 오를 수 있었다.

여행 가방의 바깥쪽 주머니를 열어 파란 항공 봉함엽서들을 꺼냈다. 엄마는 우편 요금이 싼 봉함엽서를 보내곤 했다. 엄마의 편지들을 다시 읽었다. 한 페이지의 분량에 촘촘히 적은 글씨들에서 엄마의 따듯함을 가깝게 느낄 수 있었다.

"올해 김장은 배추김치 이백 포기에 동치미 삼백 개를 했단다. 그래도 작년에 비하면 오십 포기 줄인 거지. 네가 오십 포기 다 먹었던 건 아니지만 어쨌든 식구가 줄었으니 포기 수도 좀 줄여야겠다고 생각했어."

"멀리 날아가는 비행기를 바라볼 때마다 이 엄마의 미련함이 후회된단다. 외화를 몰래 바꾸어 두었다 네 가방에 찔러 주었어야 했는데. 객지에서 추위에 떨며 지내지 않는지 걱정이구나."

침대 머리맡의 시계를 보니 오후 한 시였다. 한국은 밤 아홉 시, 가족 한 명 한 명의 모습이 어렴풋이 떠올랐다. 엄마는 지금쯤 저녁 설거지를 끝내고 내일 아침 식사 준비를 해 놓고 있겠지. 방을 독차지한 여동생은 옷장에서 내 옷을 드러내고 자기 옷으로 채워놓았을 거야. 동생은 지금쯤은 이불을 깔고 엎드려 책을 읽고 있을 거야. 어쩌면 차가운 동치미 국물에 국수를 말아 먹고 있을지도 몰라. 나를 따돌리고 가족끼리 둘러앉아 먹고 있을 국수 한

그릇이 참을 수 없이 탐났다.

누군가 방문을 세게 두드리는 소리가 들렸다. 문틈으로 내다보니 길 건너편 집에 사는 터키 남학생이었다. 혼자 있는 여학생에게 무슨 짓을 하려나 하는 두려움이 앞섰다. 그 학생은 급한 용건이라도 가지고 계단을 뛰어 올라온 듯 숨이 차서 씩씩 거리고 있었다. 그는 잠시 숨을 고르고 나서 소리쳤다.

> "우리 집 앞 공중전화 말이야, 아주 미쳤어. 터키까지 동전 한 푼 안 먹고 연결되는 거야. 그래서 조금 있다 또 해봤는데 똑같아. 동전을 먹지 않아. 너도 한국에 전화 좀 해봐. 빨리 나와 봐!"

나는 단숨에 터키 학생을 따라 나섰다. 한국에 전화하기 위해 무슨 번호를 눌러야 하는지 몰라 쩔쩔매는 나에게 그는 친절하게 국가번호를 찾아내 알려 주었다. 우리 집 전화번호를 누르자 발신음이 반복해서 울렸다. 내 가슴이 마구 뛰박질했다. 정말 우리 집으로 연결될지 믿기지 않았다.

갑자기 수화기에서 '여보세요'하는 엄마 목소리가 들렸다. 세상에 이런 일이 가능할 수도 있구나 하는 생각이 들었다. '여보세요' 하는 소리가 몇 번 반복되고 나서야 나는 침을 삼키고 크게 소리를 질러 보았다.

"엄마. 나야. 독일."

엄마는 깜짝 놀라 커다란 목소리로 답했다.

"이거 정말 독일에서 거는 거니? 너 어디 아프니? 사고 났니?"

나는 빨리 공짜 전화에 대해 설명했다.

"얘는, 한밤중에 사람을 이렇게 놀라게 하다니. 공짜라서 전화해 본 거라니 안심이다. 그래 어떻게 지내는지 자세히 말 좀 해보렴."

엄마와 나는 국제 전화라서 싸움이라도 하듯이 큰소리로 고함을 질러 댔다. 우리는 서로 안부를 묻고 나서 더는 말은 못하고 흑흑 흐느끼는 소리만 주고받았다. 국제 전화도 평소에 자주 해 본 사람이라야 일상에 관해 이 얘기 저 얘기 늘어놓을 수 있었다. 우리는 난생 처음 하는 국제 전화이다 보니 일상의 소소한 이야기로 비싼 국제 통화를 메꾸는 것을 용납할 수 없었다.

전화 상자 밖에서 세게 두드리는 소리가 났다. 돌아보니 언제 왔는지 터키인 댓 명이 줄을 서서 기다리고 있었다.

나는 "엄마, 내가 돌아갈 때까지 잘 있어!"라는 말과 함께 황급히 전화를 끊었다. 황홀하게 들뜬 가슴을 안고 방으로 돌아왔다. 그날 저녁나절은 훈훈한 고향 생각으로 순식간에 흘러갔다.

커튼

그날은 유학 온 지 꼭 일 년째 되는 날이었다. 지난 일 년 동안 해놓은 것이 무엇인가 하는 회한이 밀려왔다. 말도 아직 어눌한 채이고, 논문은 첫 장부터 막혀 있었다. 불면에 시달리고 있는 나날 속에서 마음이 병들어 가고 있다는 것이 스스로도 뚜렷이 느껴졌다.

일 년은 타국 생활을 조금 알만한 기간이었다. 이제 조금 귀가 뚫리고 길눈도 밝아졌다. 유학 생활에 빨리 적응했다고 자찬하고 있을 때 갑자기 이상한 증세가 나타났다.

내가 적응한 것들에 대한 극도의 거부감이 생긴 것이었다. 양식도 먹기 싫고, 서양인도 원숭이 같이 느껴지고 가까이 가기가 싫었다. 서양인에게서 나는 냄새가 싫어 강의실에도 식당에도 들어갈 수가 없었다. 그 사람들 옆에 앉아 있어야 할 때는 너무나 괴로워서 숨이 막힐 듯했다. 독일에 관한 것이라면 하나부터 열까지 모두 다 싫었다.

지난주에 있었던 교수와의 면담 시간에 일어났던 일들이 머리에 계속 맴돌았다. 전에 교수는 논문이 어느 정도 진행되었는지 가져와 중간 검토의견을 들어 보라고 했다. 오십 페이지를 몇 번이고 오자 없이 타자 치느라 내 손목은 작은 물건도 집을 수 없이 시큰거렸다.

교수는 논문을 대여섯 장 뒤적여 보았다. 그러더니 탁 소리가 나게 접어 멀찍이 밀어내었다. 교수는 논문의 방향이 처음부터 잘못되었다고 매서운 지적을 시작했다. 나에게 건방 떨지 말고 자신의 현 위치를 파악하라고 했다.

나는 독일어 표현이 미숙하여 내 생각을 다 글로 적을 수 없었다고 주섬주섬 변명했다. 그러자 교수는 더 날카로운 비판을 했다. 기본이 안 되어 있어 독창성 있는 논문을 쓰기 어려울 것이라고 했다. 내 논문은 기본을 놓치고 있으니 그것을 찾아내라고 교수가 말했다.

"법의 기본은 기본 원칙에 있는 것이다. 그 줄기를 터득하지 않고 곁가지만 더듬어서는 안 된다. 법률 규정이 얼마나 많은지 아느냐. 법은 또 얼마나 자주 개정되는지 아느냐. 학자는 시시각각 변하는 법률에 관한 정보를 수집하는 것이 본업이 되어서는 안 된다. 그 원리를 세우는 것이 학자의 할 일이다. 사람 사는 원리는 어느 사회나 비슷하다. 너희 나라라고 해서 기본을 달리한다고 생각지 않는다."

나는 처음부터 다시 써 보겠다고 말하고 교수 앞을 물러났다. 오십 페이지나 써놓은 논문을 쓰레기통에 처박아야 한다는 생각에 가슴이 저몄다.

책상 앞에 앉아 잠깐 졸다가 꿈을 꾸었다. 나는 서툰 독일어로 교수를 만나고 싶다고 비서에게 애원하며 진땀을 흘리고 있었다. 비서가 나를 교수에게 안내해 주었는데 갑자기 혀에 바늘이 박혀 있는 것을 느끼고 혀를 내밀려고 하다가 피를 흘리게 되었다. 입에서 흐르는 피를 닦으며 나는 복도로 뛰쳐나왔다. 잠에서 깨어나 혀를 내밀어 보았지만 아무 이상이 없었다.

논문을 새로 쓰려고 타자기 앞에 앉은 지 한 달이 지났지만 한 장도 쓰지 못했다. 매일매일 마음이 무척 힘들었다. 스스로 고립시킨 나날 속에서 사람이 그립다는 속삭임이 들려왔다. 공부에 잠깐 쉼표를 찍을 필요가 있다고 느꼈다. 며칠은 잠만 자고 며칠은 멍하니 창밖만 내다보는 일과를 반복했다.

토요일 아침, 늘 그렇듯이 창문으로 다가가 커튼을 열고 창문을 열려 했다. 창틀이 삐걱거렸다. 잘 열리지 않는다. 왜 오늘따라 잘 열리지 않을까. 팔에 기운이 빠져서 그런가 보다 하고 팔꿈치를 몇 번 움직여 보았다. 그러다가 나는 멈칫했다. 창틀에 누군가가 떨어뜨린 단추가 끼워져 있는 것을 발견했다. 남자 웃옷에 달렸을 단추였다. 뒤를 돌아 방안을 휘돌아 보았다.

방안은 평온했다. 닫힌 공간 속의 편안함. 나는 그 편안함을 깨뜨리고 싶지 않다는 생각이 들었다. 낯선 나라에서 평화로움을 느낄 수 있는 공간은 이 방뿐이었다. 지난 한 달 동안 이곳에서 자고 먹고 혼자만의 생각을 하곤 했다. 창을 열어 이 공간의 아늑함을 침해하고 싶지는 않았다. 창을 활짝 열지 않고 신선한 공기를 방안으로 빨아들일 방법은 없을까. 나는 연장 가게에서 작은 환풍기를 샀다.

전망 좋은 방을 구했다는 기쁨에 팔짝팔짝 뛰던 이사 첫날이 떠올랐다. 창밖의 경치가 좋아서 음식 접시를 들고 창가에 서서 밖을 바라보며 식사를 하곤 했다. 그런데 그 즐거움은 한 달이 지나지 않아 말끔히 사라졌다. 시가지의 주홍색 기와지붕들이 이제는 더는 아기자기 하게 보이지 않았다. 이렇게 빨리 싫증을 낼 줄은 몰랐다.

바깥 세계에 나갈 때는 마음의 무장을 했다. 바깥 생활은 생존에 꼭 필요한 범위로 한정시켰다. 외출하기 전 커튼을 조금 걷어 돌리고 창문을 열어 환풍기를 삼십 분씩 돌렸다. 자신이 숨결이 남아 있는 공기를 밖으로 빼돌리는 것이 아까웠다. 그렇지만 외국인의 방이라서 퀴퀴한 냄새가 진동한다는 비난을 듣고 싶지는 않았다.

나는 매일 커튼을 쳐두는 것과 동시에 마음의 문도 닫아 두었다. 외부에서 나를 감시하는 시선에서 벗어나는 방법 중 손쉽게 할 수 있는 것은 그 방법뿐이었다. 누군가가 나만의 공간을 침범

해 오는 것을 발견한다면 가만두지 않겠다고 다짐했다.

월요일 오후 나는 방문을 세게 두드리는 소리에 잠을 깼다. 커튼의 틈새로 들이치는 빛이 침대 모서리를 비추었다. 아무도 만나고 싶지 않았다. 나는 숨을 죽이고 그대로 누워있었다. 헬무트가 방문에 전기 드릴을 들이대는 소리가 나서야 문을 열었다.

"뭐, 죽은 건 아니네요."

헬무트는 화난 듯 돌아서고 그 뒤에 인희의 모습이 보였다. 지난 토요일의 약속을 어기고 나서 매일 찾아와 방문을 두드렸지만 반응이 없었다고 했다. 걱정이 된 인희가 퇴근길에 찾아온 것이다.

인희는 나에게 옷을 입히고는 팔을 잡아끌었다.

"나가서 사람들과 어울려 뛰어보자. 송장처럼 침대에서 썩어가지 말고."

현관 바닥은 햇볕의 유리창 반사로 하얀 동그라미가 이어져 있었다. 벌레들이 움찔거리는 것처럼 보여 그 동그라미들을 밟기가 두려워 주춤거렸다. 나는 인희에게 벌레를 치워달라고 했다.

"괜찮아. 착시 현상일 뿐이야. 바닥에 아무것도 없어."

인희가 내 귀에 대고 속삭였다. 인희는 내 손을 잡아끌어 벌레 무리들을 건너가게 도와주었다. 나는 간호사의 손길에 의지하는 환자가 되어 조심스레 건물을 나섰다.

조개젓

그동안 나는 내 안으로 칼날을 들이대고 있었다. 칼날은 심장을 향해 살 속으로 파고들었다. 기를 펴지 못한다는 것이 이런 것일까. 낯선 이들에게 둘러싸인다는 것이 이런 것인가.

나는 눈을 뜨면서 괴로움을 얻어 갔다. 나의 것은 모두 초라했고 그들의 것은 언제나 멋이 있었다. 나는 그들에게 익숙해지면서 그들의 잣대로 품위를 다지게 되었다.

그들은 나에게 대놓고 초라하다고 말하지 않았다. 그런 표현 없이도 나는 그들의 말 없는 언어를 읽을 수 있었다. 그들의 취향을 알아버리고 나서, 나는 스스로 품격이 있고 없고를 판단할 수 있게 되었다. 나는 자신에게 속한 것에 대해 하나씩 초라한지 멋있는지 하는 구분을 하게 되었다. 그들은 아무 말도 하지 않았다. 내가 나를 경멸했다.

초라해도 좋고 거칠어도 좋으니까 내 것을 갖고 싶다는 생각이 든 것은 음식에서부터였다. 내 몸은 독일 음식을 소화해 내지 못했다. 독일인들은 아침에 우유를 적어도 일 리터씩은 마셔야 한다고 찬 우유를 들이마시곤 했다. 하지만 나는 우유를 한 컵만 마셔도 추워서 몸이 떨리고 배탈이 나곤 했다. 나는 독일인과 체질이 달랐다.

나는 잘 삭은 조개젓이 몹시 먹고 싶었다. 하지만 내가 다니는 슈퍼마켓에서는 조갯살을 찾을 수 없었다. 혹시 생선살을 삭히더라도 조갯살 비슷한 맛이 나지 않을까 하는 생각이 머리를 스쳤다.

해산물이라고는 금요일에 먹는 생선 요리뿐이었다. 종교적인 의미에서 금요일만이라도 육식을 절제해 보자는 그들 방식의 금식이었다. 그들이 즐겨 먹는 생선 튀김은 하얀 살만 납작하게 발라내어 빵가루를 묻혀 튀긴 것이어서 비린내가 거의 나지 않았다. 그런데도 그들은 조금이라도 비린내가 날까 봐 튀김 위에 레몬즙을 듬뿍 뿌려서 먹곤 했다.

나는 이인분으로 포장된 저민 생선 살을 사왔다. 생선이 삭혀지면 비린내가 날 터인데 그것을 천천히 삭힐 마땅한 장소가 없었다. 나는 개인 냉장고는 없이 공동 냉장고의 한 칸을 사용하도록 허락받았을 뿐이었다. 냉장고 안 식품이 곰팡이가 슬었거나 조금이라도 부패했다는 의심이 들면, 청소 아줌마가 식품 주인에게 묻지 않고 냉장고에서 집어내어 소각하곤 했다. 내 방 침대 밑에 두더라도 상황은 마찬가지일 터였다. 청소 아줌마는 매일 오전 열 시만 되면 방문을 두드리는 시늉을 한 후 홱 열고 긴 걸레로 바닥을 구석구석 닦아 내곤 했다.

작은 유리병에 든 딸기 잼을 비우고 그곳에 하얀 생선 살을 조그맣게 썰어 넣었다. 생선 살 사이사이에 소금을 솔솔 뿌려 잼 병에 담았다. 그 병을 어디에 숨겨 둘까 봐 여기저기 기웃거리다가 화단구석의 낙엽 더미 속에 아무도 몰래 숨겨 두었다. 다음 날 저녁 그곳에 가서 병뚜껑을 열고 냄새를 맡아 보니 비릿한 냄새가 구수했다. 하루만 더 식히면 아주 맛있을 듯했다. 쌀밥 위에 젓갈을 얹어 먹는 상상만 해도 행복감이 온몸에 퍼졌다. 그다음 날 저녁밥을 해 놓고 그 병을 가지러 화단으로 갔지만 낙엽 더미는 흔적도 없이 말끔히 치워져 있었다.

자그마한 유리병 하나 숨길 곳이 없다는 사실이 나를 무척 화나게 했다.

며칠 후 나는 생선 살을 저린 병을 땅에 묻었다. 사흘 후에 파내어 방으로 가지고 들어와 방문을 잠그고 열어 보았다. 왜 그런지 생선에서는 구린내가 날 뿐 구수한 젓갈 냄새는 나지 않았다. 꼬챙이로 조금 찍어 먹어 보았지만 먹어도 되는지 자신이 없었다. 아무래도 버려야 하겠다고 마음먹고 버리려는 데 어디에 버려야 할지 당황스러웠다. 방안에 잇는 쓰레기통에 냄새나는 병을 버릴 수도 없고 공동 부엌의 쓰레기통에 버리기도 싫었다. 혹시 청소부가 그 병을 누가 버렸는지 물어대면 곤란해질 것 같았다.

한밤중에 나는 마당으로 병을 가지고 나와 내용물을 꺼내 땅에 쏟았다. 허연 생선 살 사이로 꼬물거리는 구더기가 두어 개 보였다. 나는 기겁을 해서 발로 흙을 모아 그곳에 덮었다. 구더기는 꼬물거리며 흙을 비집고 고개를 드러내었다. 다시 흙을 밀어 그 위로 덮었다. 만약 그 생선 살을 먹었더라면 하고 상상하니 구역질이 났다. 나는 흙더미 위에 저녁 먹은 것을 조금 게워냈다. 식사한지 한참 지났기 때문에 나온 것이라고는 뿌연 액체뿐이었다.

나중에 인희에게 그 얘기를 했더니 일주일 후 조개젓을 담은 작은 병을 가져다주었다. 이태리 식품점에 가서 봉골레 스파게티를 만들 때 넣는 조갯살을 사서 직접 담가보았다고 했다. 인희는 아시아 식품점에서 샀다며 한국식 짧은 쌀도 한 봉지 내밀었다. 소금을 많이 뿌려 몹시 짰지만, 마늘, 생강, 파 맛이 한데 어우러진 빨간색 조개젓은 내게 꿀맛이었다. 고향에서 먹던 쌀밥을 한 숟가락씩 떠서 그 위에 조개젓을 두 알씩 얹어 먹었다. 인희의 사랑이 짙게 느껴졌다.

유학을 꿈꾸다

제5장 밑바닥까지 침잠하다

Settle down to the bottom

제5장 밑바닥까지 침잠하다

벽화

남자 친구는 동생을 통해 가끔씩 소식을 전하곤 했다. 나는 편지 내용을 꼼꼼히 읽고 봉투에 집어넣곤 했다. 대개는 감옥에서 모범수로 생활하고 있다는 소식이었다. 동생은 전부터 나에게 형을 잊고 독일 생활에 몰두하라고 충고하곤 했다. 이번에 받은 편지에는 동생의 근황이 간단히 적혀 있을 뿐 남자 친구에 대한 소식은 한 마디도 언급되지 않았다. 추신으로 적혀 있던 한 문장이 내 가슴에 비수를 꽂았다.

"형은 고향 처녀와 결혼하기 위해 외출 허가를 받았습니다."

나는 편지를 가방에 보관하기 전에 겉봉을 한참 들여다보았다. 편지 겉봉 오른쪽 위에 붙어 있는 우표에 시선이 놓였다. 우표에는 국보급 미륵 좌상의 사진이 실려 있었다. 한참 동안 우표를 뚫어지게 쳐다보았다.

하루하루를 버티어 내기가 몹시 힘들었다. 밤낮으로 멍하게 앉아 흰 벽을 바라보았다. 벽은 세상과의 단절을 의미한다고 들었다. 이러다가 우울증에 빠지는 것이 아닐까 걱정되었다. 정신병원에서는 환자에게 그림을 그리도록 권한다고 들었다. 나는 병원에 갇혀 벽에 그림을 그리는 상상을 했다. 상상 속에서 벽에다 여러 가지 그림을 그리고 짐승처럼 꺼이꺼이 울기도 했다.

세상을 향해 마음의 문을 열기 위해서 벽을 부수어야 한다고 생각했다. 벽에 그림을 그려 넣는 행위는 단절을 해체하는 작업이 될 것이었다. 그것은 세상을 향해 통로를 뚫는 일이 될 것이라고 생각했다.

벽을 없애지 않으면서 벽 이상의 무엇으로 만드는 작업이 필요했다. 열정을 퍼붓는 행위로 단절의 벽을 해체하고자 했다.

실제로 그림을 그리기로 했다. 예술은 절망으로부터의 구원이라고 들었다. 그림을 그리면서 나는 안식처를 향해 걸어가는 것을 느끼고 싶었다.

방과 후 미술실에서 저녁나절을 보내던 고교 시절을 떠올렸다. 미술 선생님의 지도로 정물들을 종이 위에 내 나름의 색깔로 담아 낼 수 있게 되었다. 저녁나절 동급생들과 함께 하는 그림 그리기는 입시 공부의 지겨움을 덜고 마음을 가볍게 해 주었다. 나는 명랑함을 되찾으면서 친구들과 매일 미술실에서 떠들며 보냈다. 고등학교를 졸업한 후에 그 미술실의 추억을 헌신짝처럼 기억의 저편에 처박아 두었던 데에 생각이 미쳤다. 외국에 와서야 그때의 미술실 친구들을 그리워하며 어떻게 지내는지 궁금해하게 되었다. 눈앞에 닥친 한 가지에 몰두해서 다른 것들은 까맣게 잊어버리곤 하는 좁은 세계 속의 자신이 부끄러웠다.

나는 미륵 좌상이 일어나 가슴으로 또박또박 걸어 들어오는 것을 느꼈다. 연필을 찾아들었다. 바로 앞에 서 있는 하얀 벽에 연필을 갖다 댔다. 순식간에 벽면에다 스케치했다. 연필을 움직이는 동안 신명에 들떠 있었다. 신들린 무당이 칼날에 서서 춤출 때 이런 기분일 거라고 느꼈다. 좀 전의 우울하던 기분은 자취도 없이 사라졌다.

초벌 스케치를 끝내고 조금 떨어져서 감상하고 다시 추가 손질을 하고 또 감상하고 명암을 보강하고 하기를 몇 차례 하다 보니 '이제 더 손대서는 안 되겠다' 하는 생각이 들었다. 한 발짝 떨어져서 벽의 삽화를 바라보며 오랜만에 가슴이 툭 터지는 기쁨을 느꼈다.

침대 위에 앉아서 벽을 찬찬히 바라보았다. 아까 하얀 벽일 때와는 사뭇 다른 기분이 들었다. 이제 벽은 가득 채워져 있었고 나와 대화를 나누고 있었다. 그림 솜씨가 부족해서인지 미륵 좌상은 우표와 아주 다르게 보였다.

삽화 속 얼굴이 처음엔 엄마 같아 보였는데 조금 지나니 남자 친구를 닮았다는 것을 알았다. 미소를 머금고 바라봐 주는 친숙한 얼굴이 있으니 마음이 든든했다. 지금부터 저 미륵을 수호천사로 삼겠다고 생각했다. 나는 더는 혼자가 아니었다.

그림을 완성하고 남자 친구의 편지를 가방에 깊숙이 넣었다. 그러면서 그 친구를 잊어야 할 때가 진작에 지났다는 것을 깨달았다. 그 친구를 좋아하던 때의 어렸던 나는 사라지고 없다는 느낌이 들었다. 이곳의 생활은 한가한 추억에 빠져 있기에는 너무도 험난했다. 그 친구도 그 사건 이후 무척 많이 변했을 것으로 생각했다.

독일에 도착 후 쭉 가슴에 걸려 있던 응어리가 삭아드는 것을 느꼈다. 남자 친구의 매정한 사건을 전해 듣고 처음에는 자의식이 흔들렸지만 벽화를 그리면서 안정을 찾았다. 그런 결정을 내리기까지 남자 친구의 고통이 보였고 그 고통을 덜어주어야 한다고 느꼈다. 그림을 그리는 동안 공중에 부양해 있다가 땅에 사뿐히 내려앉은 기분이었다.

잊어야 할 추억 목록에 남자 친구의 이름을 적어 넣었다. 아련한 추억을 끌어안고 발버둥 치며 괴로워했던 시간을 더는 용납하지 않겠다고 다짐했다. 그 사람과 나의 미래는 남아 있지 않았다.

그동안 애써 부정했던 사실이 떠올라 가슴을 후벼 팠다. 그 사람이 처한 환경이 무척 어려웠으니 나를 떠나보내려 했을 것이라고 이해하기로 마음먹었다.

완성된 그림은 내게 위안으로 다가왔다. 그것은 나를 어루만지며 아픈 곳을 치유해 주는 듯했다. 학창 시절 방황을 달래고자 시작했던 미술이 이렇게 먼 이국에서 되살아나 나를 구원해 줄 줄 몰랐다.

벽에 그림으로 가두어 둔 남자 친구의 얼굴을 바라보았다. 앞으로는 그 얼굴에서 미륵 보살의 온화한 미소만을 만날 것이라고 다짐했다. 문득 그 남자는 나의 모습을 어디에 묻어두었을까 궁금해졌다.

색채

벽화를 그린 다음 날 나는 오랜만에 일찍 학교로 갔다. 저녁 때 학교에서 돌아오니 방문에 쪽지가 붙여 있었다. 헬무트가 쓴 것이었다.

"벽에 그려진 낙서 문제로 할 이야기가 있습니다."

나는 겁이 더럭 났다. 혹시 그림을 지우라고 하면 어떻게 하나, 벽이 손상되었으니 손해 배상을 해달라고 하면 어떻게 하나 하는 걱정으로 한참을 머뭇거리다가 헬무트에게로 갔다. 헬무트는 삼층 방이 낙서로 더럽혀졌다는 청소부의 보고를 받았다고 했다.

사실이 어떤지 나와 함께 방에 가서 확인해도 되겠냐고 물었다. 나는 그의 안색을 살폈다. 그의 얼굴에는 집을 망쳐 놓은 무례한 세입자에 대한 분노로 언짢은 기색이 역력했다. 나는 거듭해서 사죄했다.

헬무트는 그 벽화를 한참 동안 말없이 쳐다보다가 뜬금없이 질문을 던졌다.

"무엇을 그린 것인가요?"

"한국의 남자 친구에 대한 그리움을 억누르지 못해 그의 모습을 상상해서 그렸어요."

나는 기독교를 믿는 헬무트에게 차마 미륵 좌상에 대한 연상 효과를 말해 줄 수 없었다.

"무엇으로 그린 것인가요?"

"펜 밖에 가진 도구가 없어서요. 쉽게 지워지지 않겠지요. 죄송합니다."

“미술에 꽤 소질이 있군요. 어디에선가 제대로 배웠나 보군요. 이왕 저질러 놓았으니 벽화에 채색을 해보면 어떨까요. 채색이 되어있지 않은 그림은 미완성으로 보여서요.”

“저는 흑백이 더 좋은데요. 동양인은 흑백으로도 충분히 그리고자 하는 것을 표현할 수 있어요.”

벽화 사건을 계기로 헬무트와 그림에 관한 이야기를 많이 나누게 되었다. 헬무트는 동양식 드로잉 기법에 호기심을 보였다.

헬무트는 휴일에 미술관에 데려다 주겠다고 제안했다. 덕분에 나는 미술관에서 처음으로 유화를 직접 감상하게 되었다. 그곳에는 한국에서 화집으로 보던 작품도 몇 점 걸려 있었다. 그 서양화들은 화집으로 볼 때와는 달리 눈을 휘둥그레 하게 만드는 선명한 색채를 빛내고 있었다.

한국의 미술관에는 흑백으로 표현된 동양화의 묵화가 주로 전시되어 있던 것과 대조적이었다. 한국에서 나는 흑백사진을 찍었고 흑백 티브이를 시청했던 것을 상기했다. 독일에 와서 처음으로 천연색 사진을 찍고 천연색 티브이를 시청하게 되었을 때 무척 신기했다. 나는 미술관에서 그때의 환희와 경이로움을 생생히 떠올랐다.

서양화 감상에 빠지고 나니 한국의 미술계가 색채 없는 흑백의 좁은 세계처럼 보였다. 그때에는 한국의 그림들을 떠올리면 결핍이라든가 궁핍 같은 것이 연상되었다. 풍요를 상징하는 칼라의 진보적 기술 앞에서 한국의 미술은 초라하게 여겨졌다. 내가 서양 미술의 색채에 빠져든 것은 너무도 당연했다. 색채의 발견은 화려하게 발전된 세계를 향한 욕망으로 이어졌다.

헬무트가 물었다.

"그림을 본격적으로 배운 적이 있나 봐요?"

"그런 건 아니에요. 고등학교 미술반 이후 취미로 그림을 그려왔죠."

나는 헬무트에게 많은 얘기를 했다. 한국인에게 하기 곤란한 얘기까지도. 귀국하면 만날 일이 없는 사람 앞에서 부담 없이 할 수 있는 이야기를 늘어놓곤 했다.

"대학 때 학교 생활에 숨 막혔던 때가 있었어요. 공부 벌레 동급생들이 지겨웠죠. 원래 미대를 지망했지만 집안 형편이 예능 공부를 허락하지 않았거든요. 집에서 멀지 않은 곳에 있는 사설 학원을 다녔죠. 화가가 운영하는 사설 학원이었어요. 그곳에서 소박한 남자애를 알게 되었어요. 미대를 지원하는 재수생이었죠. 나는 법대 다닌다는 이야기를 하지 않았어요. 그 남자애는 나도 재수생인줄 알았나 봐요. 데이트를 신청하더군요. 몇 번 데이트를 했어요. 화실 친구들은 대학생이 재수생이랑 논다고 이상한 애라고 놀렸어요."

"그 남자애는 영혼이 맑은 친구였어요. 치열한 경쟁 속에서 오아시스 같은 안락한 느낌을 주었어요. 어느 날 내가 양심의 가책을 견디다 못해 법대생이라고 고백했더니 움찔하더군요. 그다음 날은 나를 대하는 데 좀 거북해 하는 것 같았어요. 그러더니 말했어요. 그동안 잘해줘서 고마웠다나요. 그러면서 자기에게 소원이 하나 있대요. 뭐냐고 물었더니 친구들에게 자기 여자 친구로 소개하고 싶다는 것이었어요. 그는 고동학교 동창생들을 열 명이나 화실 앞 커피숍으로 데리고 왔어요. 그는 나를 친구들에게 자기가 사귀는 여자라고 소개하더군요. 그들은 모두 나를 신기한 듯이 요리조리 뜯어 보았어요. 그 후 그 남학생은 화실에 나오지 않았어요. 왜 그랬는지는 아무리 추측해 보려고 해도 모르겠더군요."

스웨터

거부감이 들면서도 나는 헬무트와의 교우를 중단할 수 없었다. 독일어를 배우기 위해서는 말을 할 상대가 필요했다. 헬무트는 법학 논문의 용어가 일상적 표현과 다르기 때문에 자기가 교정을 봐 줄 수는 없다고 말했다. 자신이 해 줄 수 있는 것은 일상 회화를 연습하는 데 도움을 줄 수 있을 뿐이라고 했다. 논문을 쓰기 위해서는 독일인의 교정을 받아야 했다. 논문 교정을 완성하기위해서 헬무트가 커피숍에 독일 법대생을 찾는 아르바이트 모집 광고를 붙여주었다. 그 밖에도 헬무트는 일상 생활에서 부딪치는 문제를 해결하는데 도움을 주는 상담사였다.

헬무트가 나를 서서히 오염시켜 가는 것 같았다. 정신 건강에 좋다는 유혹의 변이 없더라도 나는 이미 여러 가지 서양의 사물들에 정신을 파는 중이었다. 그것들은 악마의 도구였다. '독일에 가면 악마 메피스토가 있다더니 바로 이것이었구나' 하는 생각이 들었다.

커피의 유혹에 빠져든 자신을 발견했다. 처음에 가졌던 커피에 대한 거부는 오래 버티지 못했다. 처음에는 머리가 맑아진다고 해서 마셨다. 밤에 잠을 쫓기 위해서 커피를 여러 잔 마셨다. 그러다가 그저 심심할 때에도 마시곤 했다. 자꾸 손이 갔다. 무엇보다 커피가 내게는 공짜라서 부담이 없었다.

입맛이 서양식으로 오염되기 시작한 것이라는 경계심이 들었다. 나는 커피를 마시는 자신을 향해서 '공짜라면 양잿물도 마신다더니'하면서 한심스럽다고 중얼거리곤 했다. 커피에 익숙해지는 것과 같은 속도로 독일 사회에도 친근감을 느끼게 되었다.

어느 날 커피숍 일이 끝나고 앞치마를 벗는데 헬무트가 큰 상자를 건네주었다. 상자 안에는 차곡차곡 접혀진 스웨터 두 벌이 들어 있었다. 스웨터의 순모 감촉이 손바닥을 따뜻하게 감쌌다. 헬무트는 자기 딸이 처녀 적에 입던 스웨터라고 했다. 세탁을 맡겼다가 방금 찾아 온 것이니 깨끗하다고 했다. 얼마 전 그는 내 옷을 가리키며 나일론은 몸에 좋지 않다고 말한 적이 있었다. 추운 날씨에 나일론 블라우스를 입고 있던 내가 보기에 안쓰러웠나 보았다. 아니면 커피숍의 종업원이 초라하게 차려 입은 것이 영업에 방해된다고 생각했을 수 있었다.

나는 헬무트의 의도를 순수하게 받아들이기 어려웠다. 무슨 꿍꿍이가 있기에 나에게 관심을 가지나 새삼스레 색안경을 끼고 보게 되었다. 나를 만만하게 보는 것은 아닐까 하고 화도 났다. '혹시 임금을 돈으로 지불하기 싫어 헌 옷으로 얼렁뚱땅 대신해 보려는 수작은 아닐까' 하는 의심도 들었다. 겨울이 다가오는데 옷이 부족한 형편이니 거절할 처지도 아니었다. 어찌되었든 받아야 하는 상황에 놓인 나로서는 기분이 좋지 않았다. 아무리 예의바르게 요구해 왔더라도 내가 그 요구를 거절할 수 없는 상황에 놓여 있다면 강요인 셈이었다. 나는 강요당하는 것을 무척 싫어하는 성격이지만, 상대의 면전에서 거절할 용기는 없었다.

헬무트가 내 안색을 조심스레 살폈다. 그는 스웨터를 다시 가져가야할지 말지 망설이다가 딸의 얘기를 꺼냈다. 그는 나에게 무언가 주고 싶어서 오랫동안 잊었던 기억에서 그 스웨터를 찾아내고는 다락 창고 구석구석을 뒤졌다고 했다. 오래 전에 죽은 딸의 이름은 미농이었다고 했다. 그랬었다. 그래서 그는 내게 미농이라는 이름을 억지로 붙여 주려고 했었다.

헬무트는 딸의 이야기를 늘어놓았다.

"미농이 스무 살 되는 생일이었지. 좋아하는 남자가 있었어. 공장에서 일하면서 모아두었던 돈을 서랍에서 꺼내 옷을 사러 나갔어. 그때 분홍색 털이 보르르 덮인 그 스웨터를 가게에서 발견한 미농은 그것을 꼭 사고 싶어 했어. 돈이 좀 모자랐는데 동네 가게여서 나머지는 외상으로 해주겠다고 했었지. 그 옷을 입고 다섯 번을 데이트하고 나서 그 남자에게서 프로포즈를 받았어. 당시에는 물자가 귀해서 매일 같은 옷을 입어도 흉이 아니었거든. 외출복은 계절마다 한 벌 아니면 두 벌 밖에 없던 시절이었으니까. 미농은 프로포즈를 받은 순간의 날아 갈 듯한 기분을 절대 잊을 수 없다고 말했어. 일생에서 가장 행복했던 순간이 언제였냐고 물으면 서슴없이 프로포즈 받던 그때였다고 대답했으니까. 그때에는 젊은 남자가 귀했거든. 미농이 다니던 공장에는 청년들이 다 군대에 가고 두 명 밖에 남아 있지 않았어. 그런데 그 두 명 중 한 명이 미농에게 청혼했던 것이었지."

"미농은 남자의 마음이 행여 바뀔세라 다음 날 바로 교회에서 결혼하자는 그의 말에 아무 의심도 없이 그러자고 했지. 오히려 자기 쪽에서 서두르고 싶어 했거든. 다음 날 교회에서 목사님의 주례로 둘이 결혼식을 치르고 시청에 가서 혼인 신고도 했어. 그날 밤 근처 호텔에서 첫날밤을 같이 보냈지. 남자의 자취방에서 일주일의 단 꿈을 꾸고 난 후 남자는 편지를 남기고 떠났어. 미농은 그 후에 나를 찾아 왔었어. 혹시 나한테 미리 알리면 반대할까봐 몰래 결혼했던 것이었어. 미농은 결혼식이 끝나고서야 아버지에 알리는 것을 몹시 미안해했어."

"신랑은 전쟁터로 떠나면서 편지를 남겼던 것이었어. 결혼 전에 징집 영장을 받았지만 말하지 못해서 미안하다고 했어. 혹시 징집 사실을 알게 되면 결혼해 주지 않을까봐 두려웠다는 거야. 편지의 맨 앞에 결혼해 주어서 고맙다는 말을 세 번이나 반복했어. '혼인 신고를 하지 않고 밤을 같이 보낼까' 하는 생각도 해봤지만 만약에 아이라도 생기면 자기 아이로 출생 신고를 해야 책임 있는 아버지가 될 것 같아서 그렇게 했다는 거였어. 아이는 생기지 않았어. 군대로부터 남자의 사망 통지가 온 것은 육 개월 후였어."

"미농은 신랑의 유골을 받은 날 공장을 그만두고 내 집에 들어와 살았지. 이 도시 사람들은 미농이 결혼했던 사실을 모르고 있었어. 아름다운 미농은 곧 다른 직장을 잡았어. 남자들에게 인기가 있었지만, 자신의 과거를 알리고 싶지 않았는지 당시에는 청혼을 받아들이지 않고 처녀로 늙어 갔어. 사망 통지를 받았던 직후에는 아이가 없는 편이 홀가분하게 직장 다니기 좋다고 생각했었는데 세월이 흐르고 나니 아쉽게 느껴진다고 미농은 말하곤 했었지.”

“미뇽은 나이가 들면서 뚱뚱해졌어. 종전 후 도시에 그 나이의 미망인은 넘쳐흘렀고 남자는 눈을 씻고 보려 해도 찾아 볼 수 없었어. 교통사고로 죽기 얼마 전 아랍 남자와 연애를 했지만 결혼까지 할 용기는 없었지. 주위의 시선도 두려웠지만 무엇보다 유족 연금이 끊어지게 되면 생계가 막막했거든. 어쨌든 이 스웨터는 미뇽에게는 행운의 상징이었어. 미뇽이 이렇게 작은 스웨터를 입은 적이 있는 것을 보면 처녀 적에는 꽤 날씬했었나 봐.”

나는 한 번도 제대로 된 순모 스웨터를 가져 본 적이 없었다. 양모의 감촉에서 양떼들이 몰려다니던 들판이 떠올랐다. 마음 깊은 곳에서 뭉클한 것이 올라오는 것을 느꼈다.

어린 시절 오빠랑 지내던 일이 생각났다. 오빠는 무역 회사에 다니면서 수출용 스웨터의 납품을 관리했다. 오빠는 공장에 갔다 오는 길에 커다란 봉투를 가지고 와서 내게 주었다. 봉투를 받아보니 아주 가뿐했다. 무엇인가 펼쳐보니 털실이 가득 들어 있었다. 길게 타래를 진 털실이 아니라 직조 기계의 가장자리에서 잘라낸 십 센티미터에서 이십 센티미터 사이의 불규칙한 길이의 털실들이었다. 색도 곱고 감촉도 좋아 무척 고급품인 것은 분명한데 너무 짧은 것이 흠이었다. 나는 쪼그리고 앉아 털실을 하나하나 매듭을 지어 나무토막 주위로 둥글게 말아 놓았다. 다듬어 놓고 보니 조끼 하나는 짤만한 양이 되었다.

나는 털실을 가지고 조끼를 짜보았다. 오빠는 젊은 사람은 그런 조끼를 입지 않는다며 받질 않았다. 조끼는 아버지에게 넘어갔다. 매듭이 많아 모양새는 없었지만 매듭에서 복실복실한 털이 솟아나 무척 따뜻하다고 했다. 아버지는 집에 있을 때면 언제나 그 조끼를 입었다. 오빠는 공장에 다녀 올 때마다 자투리 털실이 담긴 봉지를 가지고 왔다. 그 털실로 엄마, 언니, 그리고 내 스웨터까지 차례로 떠 입었다. 스웨터는 무척 따뜻했지만, 외출할 때는 입기 부끄러운 스웨터였다.

헬무트의 얘기를 듣고 나서 그동안 노여웠던 마음을 풀기로 했다. 마음의 변화에는 헬무트가 칠십이 훨씬 넘어 보이는 노인이라는 사실이 꽤 크게 작용했다. 하지만 그가 내 이름을 미농으로 바꾸어 부르는 것은 여전히 싫었다. 그 이름을 들을 때마다 가슴이 후들거렸다. 그래도 그는 여전히 미농이라고 불러댔다. 어차피 학위만 끝나면 독일을 영영 떠날 거니까 그때까지 독일인과 불쾌한 일 없이 지내자는 생각으로 참고 지내기는 했다. 하지만 싫은 것에 대해 정확한 반대 의견을 표현하지 못하고 현실과 타협하는 자신의 나약함이 미운 때가 더 많았다.

울분

10시 커피숍이 열리는 시간에 맞추어 일하러 갔더니 가게가 아수라장이었다. 커피숍 앞의 넓은 유리창이 무언가에 맞아 깨어져 나가 있었다.

헬무트가 커피도 뽑아 놓지 않고 우왕좌왕하고 있었다. 밤새 도둑이 금고를 통째로 들고 갔다고 했다. 금고가 떨어져 나간 금전 등록기가 구석이 깨진 채로 계산대 위에 놓여 있었다.

그 전날은 하루 종일 수업이 있어 저녁 식사 시간대에 내가 근무했었다. 내가 마지막 근무자였다. 나는 무슨 실수라도 한 것이 아닐까 하고 두려웠다. 어제 저녁의 일을 곰곰이 짚어 보았다. 커피 잔을 씻어 마른 행주로 닦아 찻장에 넣어 두었음. 커피 기계를 청소해 두었음. 바닥에 흘린 찌꺼기를 닦아냈음. 금전 등록기의 돈을 잔돈만 남기고 빼서 봉투에 넣어 헬무트의 서랍에 있는 책갈피에 끼워 두었음. 하나하나의 행동을 또렷이 떠올렸지만 이상한 점은 없었다.

전날 저녁 넣어둔 서랍의 돈 봉투가 무사할까 걱정되었다. 나는 서랍을 열어 보았다. 그곳에는 그 봉투가 그대로 놓여 있었다. 휴 한숨을 내 쉬었다. 도둑맞은 돈의 액수는 별 것 아니었다. 이상하게도 가게 전면의 유리는 작은 동그라미 모양으로 부서져 있었다. 한국에서는 유리가 그런 모양으로 깨어진 모양을 본 적이 없었던 나는 매우 이상해서 바닥에 널린 유리조각들을 살펴보았다. 깨진 유리조각에 베이지 않도록 만들어진 강화유리라는 것을 처음 알았다.

솔직히 그 일은 재미있는 구경거리였다. 독일 같이 치안이 완벽해 보이는 사회에도 좀도둑이 설친다는 것이 신기했다. 독일에도 '눈 감으면 코 베어 가는 세상'이라는 말이 있는지 궁금했다. 도둑사건은 독일 사회의 인간적인 면을 보여주는 것 같아 내게는 오히려 편안하게 느껴졌다. 고향에서는 방문 밖에 벗어 놓은 신발이나 마당에 널어놓은 빨래도 도둑맞은 적이 종종 있었다. 학창시절, 체육 시간 운동하러 나간 사이에 도둑이 들어 가방에 넣어둔 책값 몇 푼을 훔쳐간 급우가 있으니 눈을 감고 자백하라는 선생님의 심문이 회상되었다.

그런 구경거리를 놓고도 아무도 구경하러 오지 않는 독일인이 이상했다. 지나가는 학생이나 교직원들은 그저 한 번 흘깃 보고는 자기 일이 아니니 참견할 필요 없다는 듯이 바로 고개를 돌리고 지나갔다. "나의 일이 아니다"는 곧 "내가 간섭해서는 안 된다"로 통하는가 보았다. 고향에서 이런 일이 났으면 동네 사람이 구름같이 모여 "쯧쯧 나쁜 놈 같으니", "세상이 말세야" 등 혀를 차는 소리, 세상을 개탄하는 소리, 주인에게 위로를 하는 소리, 장래 대비책을 일러주는 소리로 뒤범벅이 되었을 터였다.

조금 있다가 제복을 입은 경찰 두 명이 커다란 가방을 들고 찾아왔다. 헬무트가 도난 신고를 해 두었나 보았다. 독일에서 제복 입은 경찰을 가까이에서 보는 것은 처음이었다. 독일은 경찰 사회라고 할 만큼 모든 정보가 경찰에 전달된다고 하지만, 정작 시민들이 다니는 길에는 제복 경찰이 눈에 띄지 않도록 배려하고 있었다. 선량한 시민에게 쓸데없이 공권력의 위협을 주지 않으려는 의도였다. 나치 시대의 제복 경찰에 얼마나 혼났으면 그런 방책이 나왔을까 하고 충분히 이해가 되었다. 경찰이 시민의 눈에 뜨이지 않는 사회가 살기 편안 사회라고 생각했다.

뚱뚱한 경찰이 헬무트에게 물었다.

"금고에는 얼마가 있었나요?"

"잔돈으로 준비해 두는 금액밖에 없었어요."

"그게 얼마인데요?"

"이십 마르크 좀 더 될 거예요."

경찰은 금전 등록기와 계산대에 가루를 뿌리고 지분을 채취해 갔다. 나는 지문이 무엇인지 어디에 쓰는 지 전혀 몰랐다. 나는 경찰이 내 손을 잡고 검은 잉크를 묻혀 흰 종이에 찍어 낼 때 소리를 질렀다.

"이게 무슨 짓이예요. 남의 손에 먹물은 왜 묻히는 거죠?"

경찰은 외국 여성에게 매우 거칠었다. 그들은 나의 거부를 도둑이 증거 수집을 방해하는 것이라고 오해했다. 그들은 나를 앞에 놓고 용의자라도 되는 듯 함부로 이야기했다. 경찰은 내가 독일어를 꽤 잘 이해한다는 사실을 모르는 것 같았다. 외국인 앞에서 함부로 지껄이다니.

헬무트가 해명했다.

"이 학생은 내 집에 세 들어 사는 학생인데, 아주 성실하고 정직한 사람입니다."

경찰은 고개를 갸우뚱했다. 외국인을 감싸는 헬무트의 태도를 아니꼽다는 듯 바라보았다. 헬무트가 덧붙인 한 마디가 그들의 거친 태도를 잠재웠다.

"이 여자는 법학 박사 과정에 다니며 아르바이트하는 사람입니다."

독일 사회에서는 석사나 박사 같은 학위를 존경의 시선으로 바라본다고 들었다. 경찰도 법학 박사만은 우습게보지 않는 것 같았다.

그때 계급장을 더 많이 단 상급자가 나타났다. 헬무트를 보더니 모자를 벗고 깍듯이 인사를 했다.

"도둑 사건으로 심려를 끼쳐드려 죄송합니다. 지난번 출간하신 소설은 베스트셀러라고 들었습니다. 요즈음도 계속 글을 쓰고 계시겠지요?"

나는 그 경찰의 말에 깜짝 놀랐다. 헬무트가 유명한 작가인 줄은 전혀 몰랐었다. 그저 커피숍 주인으로만 알고 있었는데. 나는 헬무트의 주름 잡히고 쪼그라진 얼굴을 쳐다보았다. 그러고 보니 그의 표정이나 말투가 노인치고는 꽤 세련된 편이었다. 경찰이 물러간 다음 나는 헬무트에게 그동안 몰라봐서 미안한 마음을 표현했다.

"작가이셨군요. 무언가 이야기 하는 데에 품위가 있다고는 생각했는데, 세상을 보는 눈이 남다르게 깊이 있는 것을 느끼긴 했어요. 난 나이 들어 보지 않았으니까 노인은 다 그런 지혜를 가진 줄 알았지 작가일 줄은 생각도 못했어요."

헬무트와 친해지자 인희의 질투가 나를 괴롭혔다. 그즈음 인희는 만나기만 하면 헬무트의 흉을 보기 시작했다. 독일인의 친절이 얼마나 무서운지 아느냐. 전쟁 때 독일인은 유태인을 죽이기만

한 것이 아니라 생체 실험을 했다고 하더라. 인희의 독일인 비난은 끝없이 이어졌다.

나는 인희의 비난이 듣기 싫었다.

> "그런 일들은 다 예전 일이잖아. 헬무트가 직접 한 일도 아닌데 왜 자꾸 예전 일을 끄집어내는지 모르겠어. 너는 그럼 왜 독일에 일하러 왔니? 네가 일하는 병원은 그런 비인간적인 실험에 덕을 입은 것이 하나도 없다고 생각하니? 선진국은 아프리카나 제3세계 후진국에 약품을 보내 임상 실험을 한다던데. 그 덕택에 네가 첨단 의약품을 다루게 된 것은 왜 생각 안하니?"

나는 뜻밖에 인희 앞에서는 독일인을 옹호하는 입장이 되곤 했다. 우리의 입씨름은 매일 그 정도를 더해갔다. 우리는 독일을 두고 싸우는 것이 아니라 각자의 자존심을 걸고 기를 쓰며 상대에게 흠집을 내고 있었다.

나는 질투 때문에 소중한 친구를 멀리한 경험이 있었다. 그 일 이후 질투 앞에 무방비로 나의 심장을 내밀지 않으려고 노력했다. 나의 질투심은 소심함 때문에 드러나지 않고 숨겨져 있는 편이어서 그나마 다행이었다. 내 심장이 질투의 먹잇감이 되는 것을 용서할 수 없었다. 그 고통이 얼마나 치명적인지 경험으로 알고 있었다.

나는 인희에게 한국의 남자 친구 이야기도 하지 않았다. 인희의 질투가 두려웠다. 내 친구는 인희의 간섭을 받지 않는 나만의 친구로 숨기고 싶은 기분이었다. 노골적으로 질투를 표현하는 그녀의 성격이 부담스러웠다. 나는 점차 인희에게서 마음이 멀어 지는 것을 느꼈다.

어느 날 헬무트에 관한 문제로 시작된 격앙된 다툼을 끝으로 우리는 서로 만나지 않았다. 길거리에서 마주쳐도 서로 아는 척 하지 않았다. 나는 인희와의 절교로 자유를 얻을 것을 예상했다. 이국에서 고향 친구와 절교를 하는 일이 내 마음에 쓰라린 상처를 줄 것이라고는 예상치 못했다. 그것은 나의 고립을 심화시켰다. 고립은 나의 몸을 좀먹어 들어 건강을 상하게 했다. 그동안 인희가 내 곁을 지키는 가족과 같았다는 것을 절교 후에야 깨달았다.

얼룩

그날은 밤새 비가 내렸다. 가랑비는 거의 매일 왔는데, 이번 비는 굵은 빗살이 지붕 두드리는 소리를 내며 이틀을 꼬박 내리고 있었다. 방안의 모든 물건들이 눅눅해졌다. 찝찝한 기분을 떨치려 보려 차를 끓여 마셔 봤지만, 개운한 기분이 들지는 않았다.

차를 마시다가 천장에서 물방울이 찻잔에 똑 하고 떨어져 깜짝 놀랐다. 수증기가 천장에 고였다가 떨어지는가 보다 하고 천장을 올려보았다. 조금 있다가 또 찻잔 옆의 책 위로 물방울이 떨어졌다. 일 분 후에 또 한 방울이 책 위로 떨어졌다.

나는 그제야 사태를 짐작했다. 지붕에서 비가 새는 것이었다. 밤에 누구를 불러들일 수는 없었다. 아침이 되기를 기다리는 수밖에 없었다. 아침에 헬무트의 방을 노크했다. 헬무트는 이미 외출하고 없었다. 점심 때 커피숍에서 만나 이야기할 수밖에 없었다. 점심에 헬무트에게 이야기 했지만 그날따라 무척 바빠서 헬무트는 아무 조치를 취하지 않았다. 비가 오는 날은 사람들이 커피를 더 많이 찾는다는 것을 알았다. 저녁에 내 방에 들르겠다는 헬무트의 약속을 받고 나는 강의실로 갔다.

집에 돌아가기가 싫었다. 방에 홍수가 나 있는 것은 아닐까. 별 상상을 다 하면서 집으로 갔다. 상상했던 것처럼 그렇게 심각하지는 않았다. 천장에 얼룩이 져 있을 뿐이었다.

그날 밤 늦게야 헬무트가 방에 들렀다. 수 백 년 된 집이니까, 비가 샐 때도 되었다고 했다. 매년 조금씩 수리를 해 나가고 있지만, 다음에 어디가 말썽을 부릴지 미리 예측해서 수리해 둘 수는 없었다고 변명을 했다. 수리공에게 전화를 해서 될수록 빨리 오라고 하겠다는 말을 남기고 갔다. 그날 밤에도 잠을 설쳤다. 빗물이 똑똑 떨어지는 곳에 양동이를 놓고 누웠으려니 난민이라도 된 것처럼 처량했다.

수리공이 오기까지는 일주일이 꼬박 걸렸다. 독일의 지붕 수리공은 무척 바쁜 사람이라 예약이 잔뜩 밀려 있다고 했다. 그 일주일 사이에 내가 그린 벽화는 조금씩 뭉개져 갔다. 연필의 검은 색이 흐려졌고 채색한 부분들이 흐려졌다. 어느 날 아침에 잠에서 깨서 벽을 바라보니 낯선 추상화가 그곳에 있었다. 대단치 않은 그림이었지만 사라지고 나니 무척 안타까웠다. 마치 진기한 고미술품이 파괴된 것처럼 마음이 아팠다.

그림이 사라지면서 그림에 의해 치유되었던 나의 우울증이 도지기 시작했다. 잠들기 위해서는 술이 한 잔 필요했다. 그러다가 두 잔을 마셔야 잠이 들었고 얼마 후에는 세 잔이 필요했다. 나는 술에 깊이 빠져 들어 허우적거리고 있었다. 그렇게 술꾼이 되어 간다는 사실이 한심스러웠지만 어쩔 수 없었다.

지붕 수리공이 물 새는 곳은 잡았지만 그 방에는 곰팡이 냄새가 가득했다. 나는 헬무트에게 이사하고 싶다고 얘기했다. 헬무트는 옆 방 사람이 이사 나가 빈 방이 생겼으니 그곳으로 옮겨도 좋다고 했다. 그 방은 내가 쓰던 방보다 넓고 밝았다. 구석에 싱크대도 있었고 화장실도 딸려 있었다. 그렇지만 나는 그 방으로 옮기길 거절했다.

"그 방은 세가 비싸서 감당할 수 없어요."

"지금 쓰는 방과 같은 값으로 빌려주겠어. 그러니까 부담 없이 지내도록 해. 내가 짐 옮기는 것을 도와줄게"

곰곰이 생각해 보았다. 방세를 낮추어 주어도 그 방으로 옮기고 싶지 않았던 기분을 무시해서는 안된다고 판단했다. 내가 방을 바꾸고 싶지 않은 이유가 단지 방세가 비싸다는 것 때문은 아니었다. 그 집을 떠나고 싶었다. 진작부터 헬무트의 친절에 대해 마음 한 구석에 거부감이 있었다. 독일 노인의 손아귀에서 놀아나려면 무엇 하러 외국에 왔나 하는 의구심이 들었다. 자유로운 삶을 위해 떠나고 싶을 때는 구차스러운 이유를 달지 말고 그저 떠나야 했는데 말을 꺼내지 못하고 있었다.

헬무트는 집수리가 끝날 때까지 만이라도 그 방을 쓰라고 했다. 내가 이삿짐을 다 정리했을 때 헬무트가 다시 찾아 왔다. 액자를 두 개 들고 있었다.

"벽화를 대신할 그림이야. 매우 귀한 그림이거든. 당분간 빌려 줄게."

"어디 봐요! 어머 로트렉 그림 아니에요?"

"비슷해 보이지만 로트렉은 아니고 폴 가바니라는 로트렉과 동시대의 프랑스화가야. 주로 극장의 배우들이나 시민들의 모습을 많이 그렸지."

그는 벽에 두 개의 그림을 나란히 걸어 주었다. 그가 간 후 나는 그림을 천천히 뜯어보았다.

한 그림은 세 명의 배우가 심각한 표정으로 이야기를 하고 있는 장면이었다. 한 명은 여자인데 높은 깃털 모자에 댄스 슈즈를 신고 있었고 두 명의 남자는 어릿광대의 복장을 하고 있었다. 그 세 사람은 서커스 단원인 것 같이 보였다. 벽 뒤에서 그들을 몰래 훔쳐보는 남자가 있는 것으로 보아서는 무대에 서있는 것 같기도 한데, 달리 보면 무대 뒤에서 출연을 기다리면서 자신들의 이야기를 나누고 있는 것 같기도 했다.

다른 그림은 식당에서 남녀가 식사를 하는 모습이었다. 중년의 여자는 귀족 같지는 않고 배우이거나 중매쟁이 같은데 무언가를 애원하고 있었다. 남자는 곧 일어설 듯 불안한 자세로 여자의 이야기를 콧등으로 들어 넘기고 있었다. 식탁에는 나이프와 포크가 놓여 있고 와인병과 칠면조구이 같은 요리가 중앙에 놓여 있었다. 요리사가 새로운 요리를 식탁 쪽으로 가져오고 있었다. 18세기 시민들의 저녁 식사 모습이 실감나게 담겨져 있었다.

화가는 순간의 스케치로 인물의 모습을 기분까지 생생하게 담아낸 후에 엷은 채색을 통하여 현장의 분위기를 살렸다. 내가 그렸던 벽화와는 차원이 다른 예술성을 간파할 수 있었다. 그까짓 어설픈 벽화가 뭉개졌다고 서운해 했던 자신이 부끄러웠다. 헬무트가 걸어준 그림은 사라진 벽화와는 균형이 맞지 않는 것이었다.

나는 헬무트의 특별한 배려가 부담스러웠다. 어쩌면 나더러 주제를 알라고 꾸짖는 것인지도 몰랐다. 어쨌든 두 그림 사이에 분위기가 비슷하다는 공통점은 있었다. 그래서 헬무트가 내 벽화에 관심을 보였구나. 그가 채색하도록 권유했던 거며 추천했던 색깔이 그 그림의 옅은 녹색과 수박색 주홍색, 자주색 모두 비슷했다. 헬무트의 취향은 이런 그림들에서 비롯된 것이었다. 나는 헬무트의 예술적 저력에 고개가 숙여졌다.

방이 구해지는 대로 떠나기로 마음먹고 나니까 헬무트의 장점을 거부감 없이 인정할 수 있었다.

언덕

공부에 바로 몰두하기에는 아직 고향에 두고 온 사람에 대한 집착이 가시지 않았다. 가벼운 독서로 머리를 비우려고 해 보았다. 차가운 공기가 몸을 떨리게 했다. 이불 속으로 다시 들어갔다. 이불 속에서 책을 읽다가 어느새 잠이 들었다. 선잠에서 퍼뜩 깨어나서 시계를 보고 잠으로 낭비했던 시간을 몹시 아쉬워했다. 학위 과정을 마치자면 자신을 질책하고 반성하는 생활을 계속해야 했다.

아침에 일어나자마자 이불에 누운 채로 오늘은 어떤 부분을 써 볼 것인가 곰곰 생각해 보았다. 새로운 아이디어가 떠올랐다. 혹시라도 그 아이디어가 아침 햇살 받은 이슬처럼 자취도 없이 사라질까 두려워 급히 일어나 책상 앞에 앉아 그것들을 노트에 빨리 기록해 두었다. 메모가 쌓이게 되면서 처음 생각해 냈던 아이디어에 두둑한 살이 붙게 되었다.

신나게 타자를 칠 때 행복을 느끼는 자신을 발견했다. 논문 몇 장을 타자 치다 보니 생각이 막다른 골목에 이르러 꽉 막혀 왔다. 다시 침대로 들어갔다. 요리조리 머리를 굴려 처음부터 다시 정리해 보았다. 막힌 문제가 풀리지 않았다. "에이 몰라!"하고 생각을 접었다. 그리고 낮잠에 빠져버렸다. 한 시간 정도 자고 깨어났다. 벌써 방안이 어두워져 있었다. 불을 켜고 저녁을 준비해 먹었다. 아까 타자 쳐 놓았던 논문 초고를 다시 읽어 보았다. 수정할 부분도 보였고 추가할 내용도 떠올랐다.

독일인은 타인의 생활에 관심도 없고 간섭도 하지 않는 편이었다. 다만 요구되는 실력을 가졌는가 하는 결과만을 중요시했다. 그 결과에 이르기 위해 어떤 방법, 어떤 스케줄을 꾸려 나가야 할 것인가는 전적으로 개인에게 맡겨져 있었다. 얼마의 기간이 소요되는가도 개인의 역량에 달려 있었다. 외국인에게 어떤 것을 달성하라고, 그것도 빨리 달성하라고 요구하는 법이 없었다. 오히려 내가 계획을 세운 것을 보고는 "네가 그것을 해 내겠니?"하며 신중한 입장을 취했다.

늦잠을 자건 수업을 빼먹건 아무도 간섭하는 사람이 없었다. 그래서인지 매일 일어나는 시간이 늦어졌다. 처음에는 7시에 일어났지만 아홉 시로 늦추어 지더니 요즈음은 열 시 반이나 되어야 눈이 떠졌다. 어쩌다가 일곱 시에 눈을 떴다가도 화장실에 갔다 와서는 다시 잠들어 버리는 경우가 많았다. 기나긴 하루, 외로운 하루를 보내려면 늦잠이라도 자두어야 짧게 줄일 수 있다는 무의식적인 계산이 거기에 깔려 있었다.

나태한 생활에서 나를 건져주는 것은 가끔씩 있는 주위의 자극이었다. 교수가 다음 시간까지 꼭 읽어 보고 와야 할 논문을 몇 편 소개해 주었다. 다음 수업 시간 세미나에 들어가면 다른 학생들이 내가 생각해내지 못했던 문제점을 발견하여 지적하곤 했다. 학생들의 토론을 들으며 '이대로 가다가는 낙오하겠구나' 하는 두려움을 갖게 되었다. 한가롭게 세월을 흘려보내는 자신에게 채찍을 휘둘렀다. 책상 위에 마음을 다잡기 위해 작은 쪽지를 붙여 놓았다.

한국에 두고 온 그리운 사람들 보고 싶어 밤새 그려 보았지만, 나날이 윤곽이 흐려져 갔다.

이곳에서 살아남으려면, 자기를 다스릴 규율을 세워서 스스로에게 채찍질을 하는 방법 밖에는 다른 방법이 없었다. 어차피 인간이란 자기 규율 하에 성장하는 존재였다. 그렇다면 그것을 한 살이라도 젊은 시절에 터득하는 것이 인생을 알차게 사는 방법이라고 생각했다.

독일에 와서 내 생각은 매일매일 변하고 있었다. 변해서는 안 된다는 고집으로 자신을 가두어 보기도 했다. 그렇지만 이미 상당히 많이 변했다는 사실을 받아들일 수밖에 없다.

독일에서 기술만 배우고 한국인의 정신은 고스란히 지키자는 것이 나의 애초의 목표였다. 나는 한국인으로서의 정신을 지키는 것이 얼마나 어려운 일인가를 느끼고 있었다. 한국인의 정신을 지키기 위해서는 서양식 교육을 포기해야 하는 것이 아닐까 하는 생각에 가끔 유학 자체에 대한 회의도 들었다.

한국의 사고방식을 고수하고 관점의 변화를 거부하려 했던 초기의 문화적 저항은 나날이 약해지고 있었다. 나는 한국을 떠날 때 다짐했던 자신과의 약속을 깨뜨리고 있었다. 절대 마음만은 변하지 않겠다던 다짐이었다.

선배가 일러 주었던 말이 생각났다.

"유학 중에 정리하고 넘어 가야할 언덕을 몇 개 만나게 될 것이야. 언덕을 넘기 힘들게 느껴지면 그때까지 걸어왔던 길을 돌아봐. 사람들은 과거를 뒤돌아 볼 때 부정적인 일부터 떠올리게 되곤 하지. 그 다음 단계로 긍정을 만난다면 너는 그 힘으로 언덕을 넘을 수 있을 거야."

나는 그동안의 시간을 돌아보았다. 과거의 편린들을 되씹어 보며 변화 이전의 자신을 재구성해보려고 노력했다.

유학을 꿈꾸다

제6장 공동체에서 구원을 받다

The community

제6장 공동체에서 구원을 받다

검은 숲

신애는 나를 변화시키지 못해 안달이었다. 처음에 나는 신애의 의도적인 접근이 조금도 부담스럽지 않았다. 오히려 나를 감싸 안아주는 느낌을 받았다. 시간이 흐른 후에도 신애를 만났던 일이 내 인생의 행운이라고 자신 있게 말할지는 모르겠다. 어쨌든 당시에 신애는 꼭 행운의 여신처럼 갑작스럽게 다가왔다.

신애랑 이야기를 하면서 우리는 같은 생각을 하며 살고 있다는 생각이 들었다. 우리가 이곳에 와서 겪었던 감정의 기복은 거의 같았다. 독일 사회에서의 소외감이라든지 주위의 한국인에 대한 애증도 비슷하게 경험했다. 한국말로 자신의 심정을 토로할 사람이 그리워 베개를 적시던 일을 얘기했다. 우리는 서로 가까워지면 질수록 더 많은 시간을 같이 지내고 싶어 했다. 신애가 도서관으로 나를 찾아오면 그날은 공부를 접고 저녁까지 따라다녔다. 골치 아픈 법학에 부대끼다가 훌훌 털고 신애가 하는 연극 연습을 구경하는 일이 제일 즐거웠다.

신애는 학생회관 5층을 지나 좁은 계단으로 이어진 다락방으로 나를 데리고 올라갔다.

"저 사람들은 이곳에서 대학 문화제에 참가할 연극을 연습 중이야."

"제목이 뭔데?"

"넌 모를 거야. 한국에서는 공연 금지된 것이니까. <당통의 죽음>이란 작품이야."

중년의 연출자가 배우 한 명을 세워놓고 날카롭게 다그치고 있었다.

"목소리가 왜 그 모양이야. 당통은 혁명가이자 정치인이야. 연극에서 중요한 것은 발성이야. 사람은 여러 가지 소리를 내지. 상황에 맞게, 신분에 맞게 그리고 자신의 역할에 맞게. 당통의 소리에는 사람들에게 호소하고 설득하는 맛이 있어야 해. 그런데 네 목소리에는 울림이 없잖아."

당통역의 배우가 볼멘소리로 말했다.

"왜 로베스피에르가 아니라 당통입니까? 난 원래 그런 변절자는 싫어해요."

"너 법학과 학생이잖아. 당통은 법률가 출신 혁명가였어, 법률가가 혁명 주모자가 된다는 것 대단한 용기였어. 너도 잘 알 텐데."

나는 당통이 법률가였다는 대목에서 바짝 흥미를 느꼈다.

신애가 눈치 빠르게 제안했다.

"너 이 연극에 끼고 싶구나."

"아냐, 그냥 구경만 하고 싶어."

신애는 연출자에게 다가갔다. 연출자가 고개를 갸우뚱 하는 모습이 멀리서도 보였다.

"그냥 구경꾼은 필요 없대. 너 군중의 한 명으로 출연하도록 허락받았어."

연출자는 내게 무대 의상을 건넸다. 어린 여자아이의 것이었다. 이곳 사람들은 어느 곳에서건 나를 어린 아이 취급하는구나. 화가 났다.

신애는 내 어깨를 도닥거렸다.

"논문이 잘 안 풀린다고 자꾸만 자신을 후벼 파지 말아. 당분간 <당통의 죽음>에 몰두해 봐."

신애는 연극을 통해서 자신을 은밀히 표현하는 동시에 자신을 잊을 수 있을 것이라고 했다.

나는 신애의 제안을 순순히 받아 들였다. 사람들과 어울릴 무언가가 필요했다. 매일 저녁 두 시간씩 하는 연습 시간에 빠지지 않고 구경 갔다. 배우들은 성대를 가다듬고 한껏 큰 소리로 대사를 외워 나갔다. 나는 배우들의 대사를 들으면서 독일어의 발음을 다듬고 문장을 익혔다.

매주 월요일에는 외부의 연극 전문가가 와서 지도를 해 주었다. 그 외부 연출가는 배우들이 너무 자의식이 강해 장면 속에 녹아들지 못한다고 지적했다. 그의 말에 의하면 좋은 배우가 되기 위해서는 자의식을 밑바닥 깊숙이 숨겨야 한다고 했다. 그래야 배역에 충실해질 수 있다고 했다. 그리고 대사 한 문장 한 문장을 청중의 마음에 닿을 수 있게 전달하라고 했다. 그의 말을 들으며 나는 타인을 이해하고 타인을 재현하기 위해서 지나친 자의식을 버려야 한다는 점에 수긍했다.

자신을 돌아보았다. 가난한 나라에서 유학 온 내가 수치심과 열등감으로 괴로워했던 것은 당연했다. 자존심에 상처를 입고 위축되는 것은 지나친 자의식의 발로였다. 그렇게 매사에 자존심을 내세울 필요는 없었다. 그동안 겪었던 마음의 통증을 냉정히 바라볼 필요가 있었다. 마음 속에 일어나는 거친 소용돌이를 잠재워야 했다. 그런 노력을 꾸준히 하노라면 마음이 병이 점차 치유될 것이었다.

그 연극은 나와 사회의 끈을 연결해 주는 계기가 되었다. 프랑스 혁명의 뒤에 가려진 혁명가의 갈등과 비애에 대해서 알기에는 어린 나이였다. 하지만, 그 연극은 나의 사회 활동을 향한 의욕을 자극하며 가슴에 깊은 궤도를 그었다. 나는 다시 사회 속에서 투사로 살아나갈 의욕을 되찾았다.

신애가 아파트에 방이 하나 비었다며 같이 살자고 나를 끈질기게 설득했다. 그 아파트에는 여자들만 살기 때문에 편안할 것이라고 했다. 솔깃하게 들렸다. 나는 무엇보다도 삼 층 집에서 엉킨 인간관계의 실타래에서 벗어나고 싶은 생각이 간절했었다.

수업이 끝나고 나는 신애의 친구가 모는 자동차를 타고 아파트를 살펴보러 들렸다. 그 아파트는 산꼭대기에 조성된 신도시에 있었다. 고층 건물이라서 엘리베이터를 타고 12층으로 올라갔다. 아파트 내부는 인테리어 전문가의 손길이 닿은 듯 깔끔하고 실용적으로 꾸며져 있었다. 거실에서 내다보니 주변의 산들이 첩첩히 겹쳐 푸른 파노라마를 그리고 있었다. 멀리 보이는 산봉우리들이 출렁이는 파도같이 내 가슴으로 밀고 들어왔다. 나는 그 산봉우리에 혹해서 그만 신애의 제안을 주저없이 받아들이고 말았다.

삼 층 집을 떠나 친구와 함께 우리만의 보금자리를 꾸린다는 것에 대한 기대감으로 설레었다. 덜컥 이사를 가 놓고 보니 대학에서 버스로 삼십 분이나 떨어져 있었다. 생활비에 버스 요금이 추가되어야 할 일이 걱정되었다.

이사한 날 신애는 신이 나서 자신의 계획을 말했다.

"난 여기에 여자들만의 생활 공동체를 만들어 볼 계획이야."

나는 사실 그 얘기에 큰 관심이 없었다. 나는 거실 창문으로 내다보이는 산을 가리키며 물었다.

"저 앞에 보이는 산봉우리들을 보고 있으니 꼭 설악산에 와 있는 것 같다. 유명한 산이야? 이름이 뭐야?"
"저 산 정말 멋있지. 검은 숲(슈발츠발트)이라는 산맥의 한 자락이야. 전나무 같은 침엽수가 꽉 들어차 있어 숲 속에 들어서면 낮에도 어둑어둑 하대. 그래서 검은 숲이라고 불리게 되었대."

나는 남서쪽 방을 쓰기로 했다. 얼룩 하나 없이 깨끗한 회벽을 바라보면서 삼 층 집에 그렸던 벽화를 떠올렸다. 벽화가 얼룩졌던 시점과 삼 층 집에 계속 머무를 의욕이 없어진 시점이 일치했던 것은 단순한 우연일까 생각했다. 나를 지켜봐 주는 미륵불 그림 없이 앞으로의 독일 생활을 잘 견뎌낼 수 있을지 하는 걱정이 스쳐갔다.

중국 친구

동쪽 방에는 중국 아이가 입주할 예정이었다. 전에 살던 여학생은 졸업과 동시에 다른 도시에 취직이 되어 떠났다고 들었다. 중국 아이는 남자 친구가 사는 북쪽 도시에서 돌아오는 길이었다. 신애는 그 애 사진을 보여주었다. 한국인과 조금도 다르지 않은 처녀였다.

우리는 도착 시간 삼십 분 전에 기차역으로 나갔다. 큰 도시에서 들어오는 기차는 대개 한 시간 간격으로 있었다. 삼십 분은 전혀 길게 느껴지지 않았다. 역 앞 광장과 개찰구를 둘러보고 철로로 나와 의자에 앉아 기다렸다. 나는 기다리는 동안 이 도시에 처음 도착했던 날을 회상했다. 아무도 역에 나와 주지 않아 불안해서 어쩔 줄 모르고 철로를 왔다 갔다 했던 그때의 기분이 고스란히 떠올랐다. 서성이던 시간은 오 분이 채 안 되었을 터였지만 불안 때문에 길게 느껴졌었다. 그날은 이 도시의 역이 작지만 아름다웠다는 것을 미처 알아채지 못했다. 그런 기분이라면 누구라도 역사를 둘러 볼 경황이 없었을 것이다.

중국 아이는 예정된 도착 시간에 기차역에 내리지 않았다. 신애와 나는 철로 앞 의자에 앉아 다음 기차가 올 때까지 한 시간 더 기다렸다. 우리는 아무도 없는 벤치에서 햇볕을 쪼이며 학교에서 있었던 사소한 일들에 대해 신나게 떠들었고 한 시간은 후딱 흘러갔다.

역으로 다가오는 기차의 창문으로 우리에게 손을 흔드는 동양 처녀가 보였다. 신애는 기차가 멈추자마자 그 칸으로 올라탔다. 중국 아이는 출입구에 짐을 털썩 내려놓고는 신애를 얼싸안고 퐁퐁 뛰었다. 나는 승강구 밑에서 짐을 받아 내렸다. 중국 아이는 커다란 트렁크에 꽉 채우고도 모자라 볼록한 가방을 두 개나 가지고 왔다. 짐을 다 내리고 중국 아이는 내게 손을 내밀며 말했다.

"나 링링이야. 네가 내 옆방으로 이사 왔다며? 함께 재미있게 지내자."

중국 아이는 한국말을 유창하게 했다. 나의 놀란 기색을 눈치 챈 신애가 내 귓속에 속삭였다.

"어린 시절 부모랑 한국에 살았대. 화교였던 것이지."

우리는 가방을 하나씩 들고 뒤뚱거리며 출구를 내려왔다. 신애는 내가 들었던 가방을 들어 보다가 허리가 아프다며 내려놓고 말했다.

"웬 짐이 이다지 많니?"
"기차에는 무게 제한도 없고 추가 운송료도 받지 않잖아. 그러니 최대한 가져와야지."
"작은 가방이 되게 무겁네. 도대체 이속에 뭐가 든 거야?"
"타자기. 그리고 구하기 힘든 책 몇 권 가져왔어. 여기 도서관에 없는 것들."
"큰 가방은 뭐가 들어서 이렇게 뚱뚱해?"
"옷하고 잡동사니들."
"아니 옷을 이렇게 많이 가져왔단 말이야?"
"전부 옷은 아냐. 사실은 먹을 걸 싸가지고 왔어. 거기는 항구라서 중국 먹거리를 쉽게 구할 수 있어. 무척 싸거든."
"너 빵 먹기가 싫어서 그랬구나."

그 무거운 가방들을 어떻게 산꼭대기 아파트까지 옮기나 걱정이 되었다. 신애가 공중전화로 가서 전화를 걸었다. 링링은 신애를 좇아가서 비싼 택시를 부른 것은 아닌지 확인했다. 조금 있으니 친구가 자동차를 가지고 와서 짐을 실어 주었다. 그 독일 여학생은 자신을 '잉게'라고 소개했다. 우리는 모두 그 차를 타고 아파트로 향했다. 나는 자동차를 능숙하게 운전하는 잉게의 황금색 머리를 부러운 시선으로 바라보았다.

링링은 아파트의 거실과 동쪽 방을 둘러보더니 '헌 하오'라고 외치며 아주 맘에 들어 했다. 세 명이 앉아 먹고 떠드느라 밤이 깊어 가는 것도 몰랐다. 나는 링링이 부르는 중국 노래들을 듣느라 자정이 넘도록 식탁에 머물러 있었다.

다음 날 눈을 떠보니 열시였다. 우리 셋은 함께 신애의 침대에서 이야기 하다가 잠이 들고 말았다. 잠자러 들어갈 때는 세로로 반듯이 뻗었던 다리들이 가로로 엉켜져 있었다. 두툼한 허벅다리에 걷어차인 신애는 깜짝 놀라 중국 아이를 흔들어 깨웠다. 일요일이라 수업도 없는데 일찍 일어나서 뭐 하냐고 투덜대며 중국 아이는 계속 잤다.

나는 더 이상 누워 있기가 갑갑하여 아침 겸 점심 식사를 준비하려고 일어났다. 찬장을 들여다보니 말라빠진 빵하고 계란 밖에 없었다. 깜빡 잊고 장을 봐두지 않은 것이 생각났다. 일요일에는 모든 가게가 닫히는데 큰일이었다. 계란으로 오믈렛을 만들어 놓고 열한 시가 되자 나는 신애를 억지로 일어 앉히고 말했다.

"집에 먹을 것이라곤 이게 전부야. 금요일에 장을 봐 두었어야 하는데."

신애가 미안해 하며 말했다.

"나 좀 봐라. 손님 온다고 잔뜩 목 빼고 기다렸으면서 먹을 것도 챙겨 놓지 못했다니. 내가 원래 살림에는 젬병이야."

중국 아이가 그럴 줄 알았다는 듯이 신이 나서 말했다.

"그러게, 어제는 먹을 걸 왜 싸왔냐고 타박 주더니. 괜찮아. 가방 가득 먹을 게 있으니까 걱정 없어."

마침 신애가 좋은 생각이 떠올랐다며 제안했다.

"일요일 오전에 시청 앞 광장에 장이 서니까 거기에 가면 되겠다. 구시가지도 구경하고, 먹을 것도 사고 하면 일거양득이지. 너희들도 구경하고 싶지?"
"시청 앞에 장이 선다고? 거기에 분수도 있겠지? 분수 사진을 수집하고 있거든. 연극에서 보면 사랑은 언제나 분수 앞에서 이루어지더라."

"분수? 물론 있지. 하여간 빨리 가야돼. 농부들은 새벽에 나왔다가 점심 때 쯤에는 짐을 싸서 돌아가거든."

우리는 헐레벌떡 장터로 달려갔다. 저만치서 분수가 보이는데 아직 농부들이 철시하지는 않은 기색이어 걸음을 늦추고 숨을 돌렸다.

중국 아이는 우선 분수를 돌며 사진을 찍었다. 덕분에 나는 유럽에 와서 처음 사진을 찍어 보았다. 사진을 뽑아서 엄마에게 보내드릴 생각에 기뻤다.

밭에서 갓 뽑은 야채를 판매대에 쌓아 놓은 농부, 집에서 만든 가공식품을 마차에 싣고 온 주부, 나무로 깎은 인형과 주방 용품을 진열해 놓은 청년이 보였다. 장터는 파는 사람과 사는 사람 그리고 관광객들로 붐비며 홍이 넘쳤다. 소시지 마차가 제일 많았다. 마차 천장에 주렁주렁 달린 소시지는 색깔과 크기가 다양했다. 그날 광장에 나온 소시지 종류를 재미 삼아 세어 보니 백 가지나 되었다. 중국 아이는 가게마다 서서 각국의 음식이 어떻게 다른지 비교한다고 요리조리 살펴보고는 노트에 적었다.

우리는 야채와 돼지고기, 그리고 소시지를 조금씩 사가지고 집으로 돌아왔다. 중국 아이가 소매를 걷고 요리를 만들었다. 양파를 잔뜩 넣은 수프는 달착지근 하면서 구수해서 우리의 입맛을 돋구었다. 돼지 불고기는 무슨 양념을 했는지 부드럽고 깔끔한 맛을 냈다. 우리는 접시에 남은 소스까지 빵에 묻혀 깨끗이 먹어 치웠다. 디저트로 장에서 얻어 온 자두 파이를 한 사람이 두 조각씩 먹었다. 농부가 빨리 철수하자고 해서 그의 아내가 우리에게 남은 파이 조각을 덤으로 포장해 주었던 것이었다.

다 먹고 나서 내가 신애에게 말했다.

"밥과 김치만 있었다면 완벽했을 텐데. 나는 유럽에 온지 일 년이 넘었는데 이곳 음식은 많이 못 먹겠어. 언제나 너처럼 잘 먹게 될지."

중국 아이는 치즈의 구린내를 아주 싫어해서 식탁에 어떤 치즈든 올려놓지 못하게 했다. 그녀도 늘 고향음식을 그리워했다.

신애는 이제 김치 먹고 싶은 생각은 없어졌다고 하면서 우리를 놀려댔다.

"혓바닥은 거짓말을 못한단다. 너 그거 아니? 그 나라 음식을 좋아하게 되었다는 것은 그 사회에 적응했다는 사실을 말해 주는 거래. 남자들은 오랜 유럽 생활에도 여전히 서양 음식을 잘 못 먹지만 여자들은 금방 잘 먹게 된다고 해. 너희들은 여성성 보다 남성성이 더 강한 종족인가 보다."

중국 아이가 발끈 화를 냈다.

"거기에 왜 남자 여자 구분이 나오니. 주체성이라는 잣대를 가져 오면 모를까"

다음날 링링과 거리를 둘러보고 점심을 먹으러 학교식당으로 안내했다. 내가 식권을 사러 줄 서고 있는 사이 링링은 식당을 둘러보더니 내 소매를 잡아끌며 집에 가서 먹자고 했다.

"오늘 메뉴가 맘에 안 들어?"
"아니, 식당에 중국 학생이 있어서 그래. 내가 신고한 거주지를 이탈했다는 사실을 공안에게 들키면 안 되거든."

링링은 자신이 유럽식으로 변하지 않도록 중국식 생활 습관을 고수하고 있었다. 그녀는 이 먼 곳에서도 감시를 받고 있다고 생각했다. 그래서 학교에서도 긴장 속에 살고 있었다.

"그렇게 제약이 많아서 어떻게 사니?"
"그런대로 지낼 만 해. 긴장이 있는 대신 외로운 걸 느낄 여유가 없다는 장점도 있어."

우리는 매일 저녁 집에서 함께 식사를 했다. 아파트는 이 도시에서 느끼는 고립감을 잊게 해주는 유일한 공간이었다. 고국에서 비행기로 하루가 꼬박 걸리는 곳, 중병이 걸리기 전에는 전화를 해볼 수 없는 곳, 이 주일이나 걸려 편지를 받는 곳. 그동안 애써 생각 안하겠다고 노력했지만 고국에서 이역만리 떨어진 곳에 혼자 있다는 사실을 가슴 밑바닥에서 늘 의식하고 있었다. 우리는 이전에 각자 외로웠던 것을 상쇄하기라도 하려는 듯 나날이 찰싹 밀착되어 갔다. 덕분에 가끔 그곳이 외국이라는 사실을 잊을 때가 있었다.

작명

나는 매일 아침 일찍 도서관으로 가곤 했다. 그곳에 있는 책을 참고해야만 논문을 쓸 수 있었다. 열한 시 반쯤 학교 식당으로 향하면 신애와 링링이 이미 와서 기다리고 있었다. 우리는 점심을 먹고 한참을 이야기 하다가 헤어져서 각자의 도서관 자리로 돌아갔다. 오후에 몇 시간 책을 읽다가 장을 봐가지고 집으로 갔다.

친구들이랑 숙식을 같이 하는 동안 나의 외로움은 깨끗이 사라졌다. 친구가 곁에 있다는 것이 이렇게 좋은 거구나. 특히 중국 아이 하고는 무슨 얘기를 해도 허물이 없었다. 서로 경쟁을 할 필요가 없기 때문에 외국인이 더 편했다. 나는 링링의 발랄함이 좋았다. 링링은 나보다 세 살 어려 동생같이 귀엽게 느껴졌다. 이 도시 한국인들 사이의 보이지 않는 경쟁과 시기는 나를 피곤하게 했다. 공부를 마치고 귀국하면 다시 만날 일이 없을지 모를 인간관계에 너무 많은 감정의 소모가 있었다.

링링 쪽에서도 그런가 보았다. 링링은 나와의 털털한 교제가 자신의 칼날을 무디게 할까봐 두렵다고 말했다. 나는 링링이 갈고 있는 칼이 무엇인지 전혀 알지 못했지만 그녀의 기분은 이해할 수 있었다. 링링은 내게 고독을 견뎌내는 인내력을 전수해 주고 있었다. 중국 아이는 수다스러운 편이어서 누구든지 대화 상대로 잡으면 놓아 주려 하지 않았다. 내가 중국 아이에게 붙잡혀 공부를 못하고 안타까워하고 있을 때면 신애는 기꺼이 링링을 데려가 놀아주곤 했다. 신애는 가끔 중국 아이와의 시끌벅적한 분위기가 우리의 날카로운 문제의식을 사라지게 할 것 같다고 불평했다.

신애는 가까워지기 어려운 친구였다. 그녀는 스스로 까다롭다는 것을 인정했다. 하지만 그런대로 타인과 조화를 이루어 가는 성격이었다. 자신의 스트레스를 빨리 감지하고 해결책을 찾아 여행을 떠나거나 다른 방책을 취하여 우리에게 폐를 끼치지 않으려고 노력했다. 신애와 알게 되면서 나에게도 그녀 같은 성향이 있다는 것을 깨닫게 되었다. 껄끄러운 사람과의 접촉 부분을 최소화시키려 시도했다. 접촉을 줄이니 다른 사람으로부터 스트레스도 적게 받게 되었다.

나는 삼 층 집에서 더운 음식을 만들어 먹지 못했다. 독일인처럼 빵에다 얇게 썬 소시지와 치즈를 끼워 먹곤 했다. 위장은 찬 식사를 잘 받아들이지 않았다. 걸핏하면 설사가 났다. 저녁에 찬 식사로 끝내는 것은 너무도 처량하고 서러워서 견딜 수 없었다. 할 수 없이 차가운 빵을 한 입 베어 물고 뜨거운 차를 두 모금 마시는 식으로 추운 내장을 달래며 지냈다. 날씨가 춥고 습하여 손발이 차고 저녁이 되면 뼈마디가 쑤실 때면 따뜻한 된장찌개가 그리웠다.

링링은 요리하기를 좋아해서 일찍 집으로 돌아가 식사 준비를 해 놓을 때가 많았다. 링링은 찬장에 있는 간장, 된장, 고추장을 사용해서 국적 불명의 아시아 요리를 해 내놓곤 했다. 나는 종종 감자와 양파를 듬뿍 넣고 된장찌개를 끓였다. 신애는 따듯한 밥에 고추장 찍은 멸치를 얹어 먹거나 없으면 햄을 얹어 먹는 것을 좋아했다. 신애는 요리를 잘 못한다면서 늘 설거지를 도맡아 하곤 했다. 우리는 한 식구가 되어 요리가 주는 따뜻한 행복감에 들떠 지냈다. 하지만 우리는 냄새가 새어나갈까 봐 복도 쪽 문을 꼭 닫고 바깥으로 향한 창문을 활짝 열어 놓는 것을 잊지 않았다. 우리가 이곳에서 소수 인종에 속한다는 것을 아주 잊고 살 수는 없었다.

저녁식사 후 우리는 자연스럽게 자기 얘기를 털어 놓는 시간이 많았다. 신애는 신변이야기를 하면서 도칠이 자기에게 치근댄 이야기를 했다. 나는 깜짝 놀랐다. 도칠이 신애에게도 접근했었다는 사실이 역겨웠다. 나의 경우와 달리 신애에게는 공안 문제와 연관시킨 위협은 없었다. 서양 남자와 친하게 지내는 편인 신애에게는 그것을 훼방 놓으려고 일부러 다가와 애인인 척했다. 링링도 대화 중간에 끼어들어 고향 남자가 자기에게 치근거린 이야기를 했다. 우리는 깔깔 웃으며 각자가 아는 치한 퇴치 방책을 이야기했다.

한 달이 지나자 저녁 식사 후의 잡담은 자연스럽게 독서 클럽으로 발전하였다. 우리 모두 독일어에 큰 곤란을 느끼던 터여서 같이 책을 읽어 나가면서 어학 실력을 향상시키고 싶어 했다. 우리는 각자 전공이 달라 공통의 관심사를 찾기가 어려웠다. 그래서 신애가 제안했다. 페미니즘에 관한 책을 읽고 토론을 해 보면 어떻겠냐고 제안했다. 링링은 좋은 생각이라며 다음 날부터 바로 시작하지고 했다. 나는 전공의 부담이 커서 새로운 주제를 공부할 시간이 부족하여 망설였다. 그렇다고 모처럼의 분위기를 깰 수는 없었다. 나는 마지못해 독서 클럽에 합류했다.

신애는 그즈음 프랑스 인문학에 빠져 있었다. 신애가 소개한 보부아르의 글은 우리를 새로운 세계로 이끌었다. 우리는 한 동안 보부아르의 책을 교과서 삼아 매일 범위를 정해서 읽고 토론했다. 링링은 보부아르를 그다지 좋아하지 않았다. 그녀는 보부아르에 대해 비판한 글들을 소개하며 여성운동가 클라라 체트킨의 글들을 소개했다. 사회 구조에 대한 분석에 중점을 둔 클라라의 글들은 보부아르와는 다른 시야를 열어주었다.

모임이 끝나고 각자의 방으로 돌아가려던 때, 신애가 새로운 제안을 했다.

"우리 이렇게 무질서하게 이야기할 게 아니라 모임을 만들어 좀 체계적으로 공부해 보자!"

"좋아"

"좋아"

이름 짓는 것부터 간단치가 않았다. 우리는 여러 이름을 짜내 보았다. 나라 이름을 넣어서 독일 클럽, 아니 유럽 클럽, 피부색깔을 넣어서 엘로 클럽, 연령을 넣어서 스무살 클럽 등 생각 나는 대로 여러 아이디어를 내놓아 보았다. 그러다가 신애와 링링이 팽팽히 대립했다.

"보부아르 클럽이 어때?"

"체트킨 클럽, 아니 체트킨 포럼이 더 좋아."

"난 체트킨의 이론에 동조할 수 없어. 그리고 포럼이 뭐니. 우리가 꼭 학술세미나만 해야 되니? 우리 그냥 밥 먹고 자신의 이야기를 나누면 되지 않아? 클럽이 더 낫다."

"아냐, 클럽 하면 사교 클럽 생각 나. 부르조아지 냄새가 나서 싫어."

내가 중재역을 받았다.

"이름 가지고 둘이 싸우지 말자. 보부아르건 체트킨이건 다 너무 페미니즘 냄새가 난다. 그냥 우리 셋의 공통점을 따오면 되지 않을까? '처녀들의 모임'이 어때 우리 모두 처녀잖아."

신애가 덧붙였다.

"버지니아 울프가 여성들도 자기만의 방을 가질 필요가 있다고 주장했지. 나는 처녀들의 방room of vergin이 더 나은 것 같아."
"좋아, '처녀들의 방'으로 하자."

'처녀들의 방room of vergin'은 현실적 장소이기도 하고 관념적인 공간이기도 했다. 우리는 처녀들의 방의 창립 멤버가 되어 그 방을 공동으로 관리해 나가기로 맹세했다. 앞으로 동조자를 더 찾아내 그 방에 참여시키도록 노력할 것도 맹세했다.

모임의 이름을 짓고 나자 독서와 토론에도 속도가 붙었다. 우리는 저녁 늦게까지 격렬한 토론을 이어갔다.

증원

언젠가 엄마는 처녀 시절 친구는 결혼 하면 아무 소용없어진다고 얘기했다. 하지만 우리는 엄마 세대와는 다르다고 생각했다. 처녀 시절 친구끼리 우정을 나누다가 노령을 맞이하게 될 것이라고 믿었다. 우리는 여자들도 남자들 못지 않은 자매애를 가질 수 있다는 것을 강조하며 죽을 때까지 변함없는 우정을 간직하기를 결의했다. 나는 마음 한 구석에 정말 그렇게 될까 불안한 생각이 들긴 했지만 우정도 의지의 소산이라고 생각을 바꾸었다.

모임을 좀 더 다채롭게 하기 위해 각자 한 두 명씩 회원을 데려오기로 했다. 나는 대학 병원에서 간호사로 일하는 인희를 가입시킬 것인가를 고민하고 있었다. 마침 인희가 대학 병원과 한국인 간호사 사이에 근로 계약의 세부 조건을 놓고 분쟁이 생겼다며 나에게 상담을 하러 들렀다. 인희가 내 생활에 너무 깊숙이 간섭을 하는 것이 성가셨던 기억이 있어서 그녀를 가입시키는 것이 썩 내키지는 않았다. 하지만 달리 아는 사람이 없어서 어쩔 수 없이 인희에게 부탁했다. 인희는 내 말이 끝나자마자 환호를 외치며 우리 모임에 가입했다. 병원 기숙사에 사는 인희는 야간 근무를 많이 했는데 근무 시간 외에는 될수록 우리 아파트에 와서 오랜 시간 같이 공부하겠다고 했다.

신애는 사회학과에 다니는 잉게라는 이름의 독일 여학생을 아파트에 데리고 왔다. 잉게는 외국인 노동자의 인권을 옹호하는 단체에서 자원봉사하고 있다고 소개했다. 잉게는 아름답게 출렁이는 황금색의 머리와 파란 눈을 한 전형적인 아리안 인종에 속했다.

잉게는 우리가 만든 잡채를 신기해하며 무척 많이 먹었다. 토론 시간이 시작되자 잉게는 '현대 사회 속에서 여성의 지위'라는 주제로 쓴 자기 논문을 우리에게 나누어 주고 간단히 요약해서 발표해 주었다. 나는 그녀의 말을 반도 못 알아들었지만 무언가 새로운 지평을 열어 보려는 것 같아서 대단하다고 생각되었다. 신애는 그녀의 주장에 연신 동조하면서 감탄사를 연발했다.

나와 링링은 잉게를 좋아하긴 했지만 '처녀들의 방'의 정식 회원으로 받아들이는 것에는 반대했다. 우리는 서양의 주류에서 소외된 소수 인종으로서의 아픔을 갖고 있다는 것 때문에 가까워졌다는 사실을 잊어서는 안 된다고 생각했다. 신애는 잉게도 우리의 소외감을 이해할 것이라고 변호했다. 링링은 반박했다.

"머리로 이해하는 것과 소수자의 아픔을 직접 체험하는 것과는 하늘과 땅 차이야."

신애는 열심히 잉게를 변호했다.

"그 말도 일리가 있지만, 주류에 속하는 사람 중에서 소수자를 이해해주고 대변해 줄 친구를 찾는 것은 꼭 필요한 일이야."

우리는 한참이나 공방을 계속하다가 결정을 보류하기로 했다.

링링은 누구를 데려올지 좀 더 고민해 보겠다고 했다. 아마 같은 중국인을 데려오는 것은 꺼리는 것 같았다. 혹시라도 자기가 말한 것이 중국 공안의 귀에 들어가면 귀국 허가가 나지 않게 될까봐 걱정했다. 한국도 비슷한 정치 상황이어서 나는 링링의 우려를 아주 잘 이해할 수 있었다.

우리는 인희를 '처녀의 방' 회원으로 받아들이면서 아파트의 열쇠를 복사해 주었다. 인희는 우리 아파트에 들어와 살 수 없는 처지를 안타까워했다. 야간 근무를 위해 병원 기숙사에 거주하는 조건으로 채용된 자신의 신세를 한탄했다. 저녁 6시부터 근무가 시작되는 인희는 우리들의 저녁 식사에 같이 어울리지 못하는 것을 무척 속상해 했다. 근무가 끝나는 새벽 4시 이후에 들려 그때까지 깨어 있는 신애랑 이야기하다 가는 때가 많았다.

출근 전 오후 4시쯤 들리는 때도 있었지만 그때에는 우리 모두 학교에 가있어 집이 텅 비어 있고 방마다 벗어 놓은 옷들이 널려 있기 일쑤였다. 인희는 열쇠를 이용하여 아파트에 드나들면서 청소를 해놓는다거나 저녁 식사를 잔뜩 만들어 놓고 사라지는 때가 종종 있었다. 어떤 때는 자기 기숙사에 좋은 대형 세탁기가 있다며 침대보를 벗겨 가서 빨래를 해다 주는 때도 있었다. 처음에 우리는 인희를 한국의 옛날이야기에 나오는 우렁이각시 같다고 마냥 행복해했다.

어느 날 오후 인희가 아파트에 식사 준비를 하러 들렸을 때 신애는 외출하지 않고 방에 있었다. 인희는 신애의 수업 시간을 조사하여 학교에 있어야 할 시간에 맞추어서 갔는데 신애는 그날 수업에 들어가지 않은 것이다. 신애는 열쇠를 열고 들어와 식료품을 내려놓는 인희를 보고 매우 화를 냈다.

"우리 모임은 회원의 희생을 먹고 사는 데가 아니야. 네가 우리들 엄마는 아니지 않니. 너는 우리를 혼란스럽게 만들고 있어."
"저녁 모임에 참석 못해 미안해서 이런 것으로라도 보상하려는 것뿐이야. 이상한 눈으로 보지 말아줘."
"난 너 같은 식의 회원은 싫어. 처녀의 방을 떠날 것인지 우리와 동등하게 지낼 것인지 태도를 분명히 해."

"나도 너희들과 어울리고 싶지. 너희들의 토론 시간에 맞추어 퇴근할 수 없는 사정을 잘 알잖아."

"좋아, 그러면 나는 새벽 4시 반에 너를 기다릴게. 그때 너와 나 둘이라도 진지하게 토론해 보자."

밤잠이 없는 신애는 인희와 매일 새벽에 만나서 전날 저녁 우리들이 했던 토론을 이어나갔다.

나는 인희가 오는 새벽 시간에는 대개 잠들어 있었는데, 오전 7시 쯤 깨어 신애의 방을 들여다보면 인희가 침대에 잠들어 있고 신애가 책상에 앉아 책을 읽고 있을 때가 많았다.

인희는 한국과 다른 것을 보면 우선 조소하고 배척하는 기질이 있었다. 외국에서 산다고 해서 조상 대대로 내려온 우리의 전통과 관습을 무시해서는 안 된다고 말하곤 했다. 인희는 새로운 것에 접하면 음식이건, 옷이건, 책이건 우선 거부 반응부터 보였다. 가끔 그녀는 "엽전이 뭐 그렇지!"라고 자신을 비하하는 말을 하곤 했다. 하지만 말과는 달리 민족적 자존심이 아주 강했다. 그래서 자신이 외국 생활에서 변질되지 않을까 몹시 두려워했다. 신애는 인희를 "어이 민족주의자!"라고 불렀다.

나는 그런 인희를 잘 이해하는 편이었다. 줏대 없이 굴다가 자신의 영혼까지 빼앗길까봐 두려워하는 점은 인희와 같았다. 나는 그런 민족적 자존심을 인희처럼 직접 표현하지 않을 뿐 깊이 간직하고 있었다. 독일에서 배운 것을 한국에 돌아가 펼치고 싶었고, 한국 남자와 결혼해서 한국에서 살 계획이었다.

신애는 그런 점에서는 나와 좀 달랐다. 한국에서 여자라는 이유로 존중받지 못했으면서 그 가부장제 문화를 숭배하는 것은 바보 같은 짓이라고 말했다. 나는 앞서 나간 독일의 학문을 한국으로 가져가는 것이 나의 임무라고 보는 쪽이었다. 그러나 신애는 학문과 함께 자유롭고 평등한 문화를 함께 가지고 들어가야 한다고 주장했다. 정작 배울 것은 배우지 않고 엉덩이에 뿔난 듯 말초적 문화 현상에 열광하여 자신을 상실해서는 안 되지만, 문화를 가볍게 취급해서는 안 된다고 했다.

신애와 자주 이야기 하고 나서 나는 열린 자세로 임하려고 노력했다. 음악이나 미술 같은 취미 생활에서는 신애와 비슷하게 점차 서양의 문물을 좋아하게 되었다. 하지만 결혼이나 취직 같이 일생일대의 중요한 사항에 대해서는 보통의 한국인으로서 살아가고 싶다는 생각에 변화가 없었다.

불청객

막 식사를 시작하려는 참에 현관벨이 울렸다. 인희와 나는 서로 눈을 깜박이며 방문객을 위해 순갈을 더 준비해야겠다고 생각했다. 잉게일 것이라는 예상과는 달리 도칠이 문밖에 서 있었다. 방문을 열었던 신애는 움찔했다. 나를 향해 뒤돌아보며 손님을 돌려보내야겠다는 손짓을 했다. 나는 황급히 문으로 다가가 도칠에게 들어오도록 문을 활짝 열어 주었다.

"시내에서 여기까지 오려면 꽤 시간이 걸렸을 텐데 무슨 일로 오셨나요?"
"좀 할 이야기가 있어서요."

도칠은 멀뚱한 시선으로 우리 둘을 바라보며 어쩔 줄 몰라 했다. 밖에 비가 내리는가 보았다. 도칠의 손에는 물이 뚝뚝 흐르는 우산이 들려 있었고 머리카락 앞 부분과 양복 어깨가 젖어 있었다. 나는 도칠이 방안의 따듯한 온기와 된장찌개 냄새를 맡고 잠시 황홀해 하는 표정을 짓는 것을 놓치지 않고 바라보았다. 고향에서는 식사 시간에 찾아온 손님을 밥상에 앉히지 않으면 어른한테 꾸중을 들었다. 나는 도칠에게 말했다.

"들어와서 우리랑 같이 식사하시죠. 어제 된장을 구해 와서 호박을 넣고 찌개를 끓였거든요."
"밥과 된장찌개가 있다니 이런 행운을 만날 줄은 몰랐습니다."

도칠은 그럴 때 한국인이 예의상 해야 하는 사양의 말을 한 마디도 하지 않고 성큼 식탁에 가 앉았다. 신애가 못마땅해 하는 표정으로 옆자리로 비켜났다. 나는 도칠이 먹는 모습을 물끄러미 쳐다봤다. 콧물을 훌쩍이며 찌개에 버무린 밥을 입안으로 밀어 넣고 있었다. 한국 음식을 먹는 것에 감격해서 눈물이라도 흘릴 기세였다. 그의 숟가락에 독신자의 처량함이 고스란히 묻어나 내 마음까지 뭉클해 졌다.

사실 나에게는 도칠의 방문을 한 칼에 거절할 수 없는 사정이 있었다. 삼 층 집에 살 때 내 쪽에서 도칠에게 도움을 청한 적이 있었다. 헬무트와 금전문제로 옥신각신 했을 때 나는 누군가에게 그 일을 털어놓을 사람이 필요했다. 좀 더 정확하게는 한국인을 만나 독일인 흉을 잔뜩 늘어 놓고 싶었다. 내가 속하려고 애썼던 사회가 나를 멸시하는 것을 느꼈을 때, 내가 적응하려고 발버둥질 쳤던 사회가 날 밀어 낸다는 기분이 들었을 때, 나는 그 사회에 대해 딱 정이 떨어졌다. 그 사건 이후에 헬무트가 나를 위로하려고 보이는 친근함도 지겨웠다.

그날 인희를 찾아 기숙사에 갔을 때 인희는 병원 근무 중이었고 뜻밖에 도칠이 그녀의 방문 밖에 있었던 것이었다. 그날 도칠과 밤늦게까지 맥주를 마시며 무슨 얘기를 떠벌여댔는지 낱낱이 기억할 수는 없었다. 분명히 기억나는 것은 도칠이 내게 보이는 적대감이 오히려 편했다는 사실이었다.

자정이 넘어서 방으로 돌아온 인희는 우리를 보고 무척 놀랐다. 인희가 우리가 같이 보낸 저녁에 관해 무슨 상상을 했는지는 모르겠다. 나는 인희가 종종 내보이는 뾰족한 질투가 싫지 않았다.

도칠은 밥을 다 먹고 나더니 아파트 구석구석을 살펴보며 돌아다녔다. 처녀들만 사는 곳이라는 사실을 뻔히 알 텐데도 개의치 않고 침실문을 열어 보려고 했다. 마침 링링의 방은 열려 있었다. 링링은 일주일째 남자 친구가 사는 도시에 머물고 있어서 책상이 깨끗이 정돈되어 있었다. 그녀는 자기가 읽는 책이나 서류를 남이 살펴보는 것을 아주 싫어했지만 도칠은 이미 그녀의 책상에 다가가고 있었다. 도칠은 중국어 책들을 쓱 둘러보고는 밖으로 나왔다. 도칠이 바로 옆 신애의 방문 앞으로 가려는 기색을 눈치채고 나는 얼른 신애의 방문 잠금장치를 눌러버렸다.

내가 부엌에서 설거지를 하고 있는 사이 도칠이 내 방에 들어가는 기색이었다. 책상에는 법률 서적이 잔뜩 쌓여 있을 것이고 논문을 쓰기 위해 복사한 글들이 널려 있을 것이었다. 그런 자료들은 비전공자가 보아봤자 아무 뜻도 파악하지 못할 터였다. 나는 도칠의 탐색을 그냥 방관하기로 했다. 우리 모임에서 함께 읽고 토론하는 책들은 사회성이 강한 책들이 꽤 많이 있었지만 그것들은 모두 신애의 방에 보관하고 있었다. 나는 도칠이 얼른 돌아가기를 고대하며 물었다.

"할 얘기가 있으세요? 무슨 용건이세요?"

"이곳에 무슨 단체가 결성되었다는 소문을 들었습니다. 나도 가입하기를 희망합니다."

"모임이라니요? 어디에서 그런 얘기를 들으셨나요? 한국처녀들끼리 모여서 밥해먹으며 수다 떠는 것뿐인데 그런 것을 두고 단체를 만들었다고 과장되게 소문이 났나 보군요."

말은 가볍게 했지만 등골에 오싹 하고 찬 기운이 흘러내리는 것이 느껴졌다. 잘못해서 정보과에 정치적인 단체로 보고되기라도 하면 어쩌나 걱정이 되었다. 동백림 사건의 여운이 채 가시지 않은 시절이었다. 정보부는 해외에까지 발을 뻗고 있었다.

나는 우리 모임이 별 것 아니라는 것을 말하기 위해 친절하게 말했다.

"한국 음식이 생각나면 언제라도 저희 아파트에 들러주세요"

신애가 들었다면 펄쩍 뛸 만큼 싫어할 초대이지만 상황을 무마하기 위해서는 어쩔 수 없었다. 그때 마침 아파트 문이 열리고 신애가 들어섰다. 신애는 깜작 놀란 듯 도칠을 쳐다보더니 잠시 후 있는 힘을 다해 악을 쓰듯이 소리를 질러댔다.

"우리 집이 어디라고 감히 발을 들여 놓는 거야! 당장 나가!"

신애가 현관 구석에 놓여 있던 긴 우산을 집어 배를 찌를 듯이 휘둘러대며 도칠을 몰아냈다. 신애는 도칠이 아파트 문으로 걸어 나가자 마자 문을 쾅 닫았다. 곧 이어 자물쇠를 거칠게 달그락 거리는 소리가 나는 것을 확인하고야 도칠은 현관문에서 멀어져 갔다.

신애는 내 쪽으로 몸을 홱 돌리더니 화난 목소리로 말했다.

"너 그 인간한테 너무 친절하게 대한 것 같다. 우리들 밥상에 앉히다니. 앞으로 그 인간이 자꾸 찾아오면 어쩌려고 그랬니?"

신애의 까칠한 태도를 보면서 그녀에게도 도칠과의 만남에서 몹시 불쾌한 일이 있었나 보다고 짐작했다. 신애가 그 사정을 한 번도 얘기한 적이 없었지만 무언가 속에 맺힐 만한 일이 있는 듯 했다. 신애의 비밀이 궁금했지만 자진해서 얘기해 주지 않는데 구태여 캐내고 싶지는 않았다.

"이 작은 도시에서 어떻게 그 사람을 피할 수 있겠어? 어차피 마주칠 것이라면 덤덤히 대하는 것이 편하잖아."

“무슨 소리니? 우리 모임에 대해 알려고 수단과 방법을 가리지 않을 텐데. 무방비로 있으란 말이니?”

“불행한 사건이 인간관계를 더 끈끈하게 묶어 준다는 말이 있잖아. 우리 모두 타향살이 하는 한국인인데 원수처럼 대할 필요는 없잖니.”

책에서 사람들 사이에 친해지려면 꼭 건너야 하는 ‘악연의 다리’가 있다고 읽었다. 나의 경험으로 보아도 타인과의 사이에 오해이건 의심이건 나쁜 일이 생기고 나서야 조금씩 가까워지곤 했다. 어떤 사람과 좋은 일만 계속 생기면 얼마 지나지 않아 지루해지고 말았다. 그래서 평온한 관계는 나를 불안하게 만들었다. 친구에게 무슨 사고가 일어나지 않을까 늘 조마조마해 했다. 나는 도칠과의 관계가 지금은 불편하지만 언젠가는 잘 풀릴 거라고 믿었다.

“넌 참 순진하다. 그 인간, 정보부 끄나풀이라더라.”

신애의 말에 나는 딱 하고 뒤통수를 얻어맞은 느낌이 들었다. 도칠과 인간적으로 친해지려고 마음먹었던 자신이 부끄러웠다.

흡수

신애가 잉게에게 우리의 거절에 대해 이야기했나 보았다. 다음 날 저녁 방문한 잉게는 무척 서운하다며 그 이유를 모르겠다고 말했다. 그녀의 억양에 삐진 기색이 역력히 드러났다. 잉게는 다음 날 또 우리를 찾아왔다. 이번에는 손에 커다란 사과 파이를 손에 들고 문을 두드렸다. 자기가 직접 만든 것이라며 한 조각씩 썰어 접시에 담아 나누어 주었다. 그 다음 날 잉게는 복숭아 파이를 들고 찾아왔다. 링링은 나에게 이제 항복할 때가 된 것 같다는 신호를 보내왔다. 나도 마침 같은 생각을 하고 있던 터였다. 우리는 동시에 잉게를 끌어안으며 간청했다.

"우린 네가 '처녀의 방'에 회원으로 가입해 주면 정말 고마울 거야."

"정말? 나 꼭 정식 회원이 되고 싶어. 나 엊그제 지도 교수에게 허락받았어. 외국인 노동자의 문화 충격에 대해 박사 논문을 쓰기로 했어."

이 사실은 신애도 몰랐던 것 같았다. 신애가 비명 같은 소리를 질렀다.

"뭐? 우리를 관찰 대상으로 삼으려는 것이었어?"

우리는 모두 충격에 빠졌다. 우리와 가까워지고 싶어 하는 이유가 치밀한 계산에서 나온 것인 줄 상상도 못했다. 그러나 엎질러진 물이니 어쩔 수 없었다.

잉게는 소수자에 대한 차별에 분개해서 행동으로 옮기고 있는 의식 있는 독일인 모임에서 활동하고 있다고 했다. 알고 보니 그녀는 시청에서 외국인의 생활 적응을 위한 상담사로 일주일에 이틀씩 자원봉사를 하고 있었다. 그녀의 도움을 받는 외국인은 주로 터키인이라고 했다. 잉게는 외국인 노동자의 아내에게 관청이나 은행의 업무를 도와주고 독일의 일상생활을 알려주는 일을 한다고 했다.

잉게는 우리와 같은 층의 아파트에 살고 있었다. 지리적으로 가깝게 살고 있으니 마음도 점차 가까워질 것이라며 자신의 의도를 너무 나쁘게 생각하지 말라고 했다. 그녀는 남자 친구와 동거상태에 있다고 했다. 자신만의 계획을 지키기 위해서 앞으로도 독신으로 사는 쪽을 택하고 싶다고 했다.

잉게는 손이 커서 음식을 하면 늘 많이 하곤 했다. 음식을 해 놓고는 우리 아파트 초인종을 누르고는 우리더러 같이 먹자고 부르곤 했다. 그녀의 요리를 자주 얻어 먹기 미안해서 우리도 한국 요리를 해놓고 같이 먹자고 초대해 보았다. 우리는 점심은 부득이 학교 식당에서 독일 음식을 먹었지만 저녁은 꼭 집에서 밥을 해 먹었다. 잉게도 동양 요리에 맛을 들이면서 종종 우리 부엌에 들려 오늘은 무슨 요리를 하냐고 기웃거리곤 했다. 할 수 없이 우리는 잉게를 위해 넉넉히 음식을 장만하곤 했다. 잉게의 남자 친구도 우리 아파트에서 같이 밥을 먹고 싶어 할 때가 있었다. 그는 간장 소스를 끼얹은 고기 덮밥을 아주 좋아했다.

잉게는 처음에 김치를 싫어했지만 우리들과 어울리고 나서 얼마 되지 않아 김치를 무척 좋아하게 되었다. 여기서는 김치 재료를 구하기가 어려워 잉게가 김치를 샐러드처럼 듬뿍 집어 먹는 것을 볼 때마다 가슴이 저렸다. 그러고 얼마 후에는 잉게의 남자 친구도 김치를 좋아하게 되었다. 김치통이 곧 바닥났다. 그 남자 친구가 미안한지 근처 대도시로 가서 중국 배추를 자동차 트렁크에 잔뜩 싣고 왔다.

얼마 지나지 않아 우리 아파트 부엌은 동양 음식을 맛보려는 독일인으로 붐비게 되었다. 독일인도 자기네 문화에서 벗어나 이국적인 체험을 하는 시간이 즐거운가 보았다. 독일인은 친구라도 상대방에게 방해가 될까봐 마음의 벽을 잘 헐지 못한다고 들었다. 남에게 쓸데없이 방해받는 것을 싫어하는 개인주의의 습성에 절어 생활하고 있었다. 내가 전에 살던 삼 층 집 공동 부엌에서는 각자 남이 없는 시간에 음식을 조리해서 먹고 곧 깨끗이 치우고 들어가곤 해서 다른 방 친구와 같이 식사할 일이 없었다. 공동

시설에서 함께 어울리기 보다는 언제든 다른 사람이 사용하도록 방해하지 않도록 배려하는 것이 서양 사회에서 지켜야 할 중요한 덕목이라고 배웠다. 혼자서 음식을 먹는 데에 익숙하지 않았던 내게 그런 개인주의 사회는 말할 수 없이 큰 고통을 주었는데 이제는 지나간 일이 되었다.

어느 오후 잉게의 아파트로 가보니 여섯 명의 남녀친구들이 놀러와 시끌벅적 얘기하고 있었다. 잉게는 쌍쌍이 놀러 오는 친구들과 떠들썩하게 놀기를 좋아했다. 그녀는 가끔 우리를 초대해서 친구들을 소개해 주곤 했다. 그들의 노는 것은 나에게는 지루하기 짝이 없었다. 맥주랑 소시지를 앞에 놓고 몇 시간이고 얘기를 하는데 나는 알아듣지도 못하고 지루해서 조금 있다가는 내 방으로 돌아가곤 했다.

그날은 친구 중 한 명이 함께 시내 식당에 저녁 먹으러 나가자고 제안했다. 잉게가 나에게 함께 가지 않겠냐고 했지만 나는 숙제가 있어서 나갈 수 없다는 핑계로 거절했다. 한 번 같이 외출한 적이 있는데 그들은 커다란 호프집에서 몇 잔이고 맥주를 마시면서 엉덩이를 뗄 줄 모르고 밤 한 두 시까지 앉아 있었다. 술에 약한 나는 고작해야 맥주 한 잔을 시켜놓고 시간이 빨리 흐르기만 기다렸다. 자동차가 없으니 먼저 올 수도 없고 해서 그들이 데려다 줄 때까지 하품을 하면서 기다리느라 곤욕을 치렀다. 게다가 나는 레스토랑에서 식사를 할 형편이 못되었다. 잉게도 나의 주머니 사정을 잘 알고 있었다. 나는 그들이 외출하는 것을 배웅하고 내 방으로 돌아올 계획으로 그냥 앉아 있었다.

잉게는 친구들에게 옷을 갈아입을 동안 잠깐 기다리라고 말했다. 그러더니 그녀는 그 자리에서 입었던 티셔츠를 목으로 올려 훌떡 벗었다. 그녀는 커다란 가슴을 내 놓은 채로 옷장으로 다가가 걸린 옷들을 하나하나 들추어 보더니 파란 브라우스를 꺼내 천천히 입었다. 몇 분 동안 그녀는 상체를 벗은 채로 서 있었다. 잉게의 남자 친구 이외에도 남자들이 세 명이나 그곳에 앉아 있었는데 그녀는 별로 그들의 시선을 개의치 않았다. 그 남자들도 잉게의 벗은 모습을 흘낏 쳐다보았을 뿐 그들끼리의 대화를 이어갔다. 오히려 같은 여자인 내가 그녀의 가슴을 뚫어지게 쳐다보며 얼굴이 빨개져 있었다. 나는 마치 자신이 벗고 있는 것처럼 부끄럽게 느껴졌다. 그곳에 있던 남자들 앞에서 고개를 들지 못하고 안절부절 했다.

그 다음에도 잉게가 아무렇지 않게 남자들 앞에서 웃통을 벗고 옷을 갈아입는 모습을 자주 보았다. 나 말고는 아무도 이상하게 생각하는 사람이 없는 듯 했다. 잉게는 그 친구들과 어울려 수영장과 사우나에도 종종 갔다. 독일에서는 사우나가 남녀혼탕이라는 얘기를 들었던 터라 나는 갈 엄두조차 내지 못했다. 그들은 부끄러움을 잘 타는 내가 신기해 보였던지 자주 놀리곤 했다.

일 년 전 대학에서 요구하는 신체검사를 받던 순간이 떠올랐다. 그날 나는 독일 여학생들의 벗은 모습을 질리도록 오래도록 보았다. 보건소에 발을 들여 놓은 순간 진한 담배 연기와 여학생들의 나체에 깜짝 놀랐다. 여학생들은 대기실에서 윗옷을 벗은 채 담배를 피우며 자기 차례를 기다리고 있었다. 서양 여자의 가슴은 커다란 풍선만큼 커서 만지면 빵하고 터질 것 같았다. 그러지 않아도 빈약한 가슴을 가진 나는 서양 여자들의 브래지어를 하지 않은 가슴에 자주 시선을 보내곤 했다. 한국에서는 목욕탕에서도 여자끼리 수건으로 앞을 가리고 들어가도록 교육받았다. 이곳에서 다른 여학생들처럼 옷을 벗고 십 분 정도를 기다리고 서 있을 일은 나에게는 죽도록 싫었다. 나는 보건소에서 나와 정원 벤치에 앉아서 그날의 검진이 거의 다 끝나는 시간을 기다렸다가 맨 마지막으로 들어갔다. 다행히 검진 장소는 텅 비어 있어 내 몸을 의사 이외의 사람에게 보일 걱정은 안 해도 되었다.

유학을
꿈꾸다

유학을 꿈꾸다

제7장 개성을 표현하다

Express my personality

제7장 개성을 표현하다

공감

사회학을 전공하는 잉게는 우리에게 늘 새로운 토론 주제를 가지고 왔다. 잉게는 대학의 세미나 수업에서 다루는 이슈들을 가져와 우리와 미리 얘기해보려고 했다. 그러다가 아예 수업에서 내준 과제물을 가져와 우리더러 미리 읽어 와 토론을 진지하게 해보자고 했다.

잉게의 지도 아래 우리는 이십 세기를 풍미하던 저술들을 하나씩 하나씩 읽어 나갔다. 잉게는 독일어가 모국어이다 보니 자기 생각을 장황하게 펼칠 수 있었지만 우리는 자신의 생각을 그저 몇 마디 문장으로 표현하는 것이 고작이었다. 나는 인문학은 잘 모르지만 잘못된 언어 표현을 바로 잡아 주는 잉게의 노력이 고마워서 토론에 끼어드는 적이 많았다.

아파트 단지에는 주민들을 위한 공동 휴게실이 있었다. 얼마 후 우리는 주말마다 휴게실에서 영화를 상영해 준다는 사실을 알게 되었다. 그 후부터 우리는 그곳에서 함께 영화를 감상하고 토론하는 시간을 가지곤 했다. 그러다가는 아예 관리인에게 우리가 보고 싶은 영화를 상영해 달라고 주문하기에 이르렀다. 관리인은 수요일 오후 우리를 불러 몇 개의 명화 제목을 보여주고 그 중에서 하나를 선택하도록 배려해 주었다. 그 도시는 대학 도시였고 독일 학생들은 주말에 부모가 사는 도시로 떠나니까 휴게실에 와서 영화를 보는 사람은 대개 우리 같은 외국 학생 뿐이었다.

그곳에서 선택할 수 있는 영화는 한정적이었다. 한국에서 흔히 보던 할리우드 영화는 그곳에서 찾아 볼 수 없었다. 독일이나 프랑스에서 제작된 영화들이 대부분이었다. 남녀 간의 사랑을 다룬 영화가 대부분이었다. 파우스트 같은 독일 고전소설을 영화화한 것들도 있었다. 독일인들은 나치라든가 세계 대전이라든가 하는 주제를 다룬 영화는 거의 제작하지도 않고 감상하지도 않았다.

우리는 영화를 보면서 점차 연애와 성에 관해 열린 자세를 갖게 되었다. 결혼할 때까지 무슨 일이 있어도 순결을 지켜야 한다고 가르쳤던 부모의 교육이 가부장제의 산물이라는 것도 알게 되었다. 그리고 돈이나 권력에 의해 강요받아서 성관계를 맺어서는 안 된다고 믿게 되었다. 여성은 스스로 원하지 않는 성관계는 거절할 권리가 있다고 생각했다. 그래서 우리는 "우리 여성은 성에 관한 자유로운 결정권을 가진다."는 주제로 우리의 활동계획서를 만들어 보았다.

어느 날 잉게가 시내 극장에 좋은 영화가 들어 왔는데 자기가 초대권을 얻어 왔다고 흥분해서 달려왔다. 무슨 굉장한 영화가 나왔기에 그러냐고 했더니 그저 같이 가보면 안다고 했다. 우리는 모두 모처럼의 시내 나들이를 했다. 주말마다 부모에게 가는 잉게는 우리와 영화를 같이 보는 것이 처음이었다. 학생들 사이에 화제가 되고 있던 「카탈리나 불룸의 얘기」였다. 우리는 일제히 환호성을 질렀다. 하인리히 뵐이라는 노벨상 수상 작가의 소설을 영화로 만든 것인데 우리는 그 소설을 돌려 읽던 중이었다.

그 영화는 집에 찾아 들어온 테러리스트를 잠시 보호해준 처녀에 대해 경찰이 어떻게 그녀의 인권을 유린하는가를 실감나게 묘사했다. 그 영화에서 대놓고 이야기 하지는 않았지만 우리는 모두 그 테러리스트가 그 얼마 전 체포된 아나키스트 바더 마인호프를 가리키는 것이라고 짐작했다. 경찰에 의해 추적되고 체포되는 과정을 보니 주인공과 마인호프가 아주 흡사했다.

영화가 재미있게 만들어져 끝까지 흥미 있게 보았다. 어떤 신문의 평으로는 소설보다 영화가 더 잘되었다고 했다. 그 영화의 이야기 전개는 법학도인 내게는 매우 충격적이었다. 테러리스트의 검거를 위해서라면 무고한 시민을 괴롭혀도 용서받을 수 있는 것일까, 국가는 테러 방지를 위해서 시민의 인권을 희생시켜도 될까 등 숙고해 볼 과제를 던져주었다. 나는 그 문제를 놓고 몇 날 몇 밤을 고민했지만 답을 찾지는 못했다. 책을 찾아 읽고 나서 결론을 내리려고 밀어 놓았다.

세 사람이 돈을 모아 독일에서 가장 유명하다고 하는 그룬디히 오디오 세트를 구입한 날 나는 세상의 누구보다도 행복했다. 중학교 때 친구 집에 놀러갔었는데 뜻밖에도 그 집에 미군부대에서 사왔다는 소리가 쩡쩡 울리는 오디오 기기가 있는 것을 보고 깜짝 놀랐던 기억이 떠올랐다. 그때에는 오디오 하나만으로도 그 친구와 가까워지고 싶은 감정이 무럭무럭 솟았었다.

수염을 덥수룩하게 기르고 풍채도 좋아 그림으로 보았던 베토벤과 착각하게 만드는 독일 남학생을 도서관에서 가끔 마주쳤다. 음악을 좋아하냐고 물어보았더니 유행가만 듣지 베토벤 같은 클래식 음악은 듣지 않는다고 대답했다. 그를 바라볼 때마다 내가 키워왔던 독일인에 대한 상상이 여지없이 깨지는 실망감을 맛보았다. 독일 유행가는 행진곡 풍이 많았고 어떤 노래는 멀리 떨어져서 들으면 꼭 한국의 뽕짝으로 착각하게 단순한 리듬으로 구성되어 있었다.

오디오를 구입한 다음날 학교에 가지 않고 아파트에 틀어박혀 음악을 들으며 온전히 나만의 시간을 즐겼다. 클래식 음악을 들을 때는 무교동에 있던 르네상스 음악 감상실을 떠올렸다. 그 곳에서 손잡고 음악을 들었던 친구는 무엇을 하고 있을지 궁금해지면서 서울의 추억에 빠져들었다. 한밤에 금성 라디오로 미군을 위한 방송을 자주 듣던 생각도 났다. 독일 라디오에서는 미국의 팝송을 틀어 주지 않으니 팝송 레코드판을 구입해야겠다고 마음먹었다. 다음 날 점심 시간 학교 식당 앞에 가서 학생들이 내놓은 헐값의 중고 음반을 두 개 사들고 아파트로 와서 머리가 멍해 질 때까지 몇 번이고 반복해서 들었다. 오디오 세트는 우리 모임의 분위기를 흥겹게 띠우는 역할을 톡톡히 했다. 잉게가 가져온 다양한 팝송들은 우리의 흥취를 돋우었다. 가끔 디스코 음악을 틀어놓고 흔들어 보기도 했다.

우리는 거실 한쪽에 공동의 책장을 마련하고 책과 음반을 그곳에 보관했다. 잉게가 친구들이 쓰지 않는 물건들을 잔뜩 모아 우리 아파트로 가져왔다. 책장에 각종 교양서와 음반이 꽉 차자 어디에선가 중고 책장도 구해왔다. 찬장에는 동양인을 위한 쌀과 반찬거리보다 독일 친구들이 부모에게서 얻어다 준 치즈와 소시지가 더 많아졌다. 우리 모두 갑작스런 부자가 된 기분이 들었다.

우리는 각자의 주머니 사정에 맞게 공동 생활비를 분담했고, 우리의 공동 재산들을 소중히 관리했다.

친밀

신애와 인희는 마치 언니와 동생처럼 친하게 지냈다. 한 방에서 나오는 신애와 인희를 보면 자매 사이처럼 서로 닮아 보였다.

신애가 인희에게 제안을 했다.

"우리가 진정으로 영혼을 같이하는 친구가 되기 위해서는 의식 세계 뿐 아니라 무의식 세계까지 공감해야 해. 우리 자신의 꿈 얘기를 나누는 게 어때."

"그것도 좋겠네."

"나도 좋아. 하지만 꿈은 깨어나면 곧 잊게 되잖아. 어떻게 기억해?"

"꿈을 잊지 않기 위해서는 잠에서 깨어나자마자 기억에 남아 있는 꿈을 노트에 적어 두는 거야. 꿈 일기를 쓰는 거지. 우리 그 일기를 바꾸어 보도록 하자."

꿈을 나누어 갖고부터 두 사람은 마치 감옥에 갇힌 수감자들처럼 서로 은밀한 교감이 이루어졌다고 자랑삼아 이야기했다. 옆방을 쓰는 나는 낮이나 밤이나 타자를 쳐야 하는 나날이 계속되어 그들의 평온을 방해하는 것이 미안했다.

어느 저녁 우리는 보부아르의 '제2의 성'을 읽어 나가던 중, 한

소녀가 어떻게 성에 대해 눈을 뜨게 되는가 하는 부분을 다루게 되었다. 신애는 책에서 성에 관한 이야기만 나오면 무조건 건너뛰자고 했다.

링링이 작심한 듯 진지한 말투로 제안했다.

"우리도 이젠 성 문제를 한 번 솔직하게 이야기해 봐야 하는 것 아니야. 그 문제를 외면하고 페미니즘을 제대로 공부했다고 할 수는 없잖아."

신애는 자기 말대로 엄마 없이 할머니 손에서 자랐기 때문인지 성문제에 극도로 예민하게 반응했다. 스스로 청소년기에 어머니로부터 성교육이나 사회 적응 교육을 받을 기회가 적었기 때문에 치우친 생각을 갖고 있다고 스스로 고백했다. 자신은 사회적 편견 속에서 성에 대한 극단적인 혐오를 갖게 되었다고 했다. 그래서 성 문제가 개인의 삶에 있어서 어떤 의미를 갖는지 하는 문제를 외면하고 싶다고 했다. 우리는 신애를 달래가며 책을 계속 읽어 나갔다.

신애가 생뚱맞은 질문을 던졌다.

"여자에게도 원초적 성욕이 있는 거야?"

"당연하지. 여자에게 자녀를 출산하고 싶은 욕구가 강한 만큼 그것을 가능하게 하는 성욕도 매우 강렬하게 갖추어져 있는 것이 당연하지. 다만 가부장적인 가족 문화가 여성으로 하여금 성욕을 외부에 노출시키는 것을 금지시켰을 뿐이지."

잉게는 뭐 그런 시시한 질문을 하냐는 시선으로 신애를 바라보았다. 잉게는 자신의 성적 경험을 예로 들어 자세히 설명하면서 보부아르의 가설이 맞는다고 주장했다. 그리고 여성의 성적 충동에 대해서 솔직하게 이야기하면서 한심한 동양 여성의 의식을 바로 잡으려 들었다.

내가 처음 독일에서 낯설게 여겼던 것은 여성들이 성적 욕구를 적극적으로 표현하는 모습이었다. 독일 학생들은 강의실이건, 식당이건, 길거리건 사람들 앞에서 진한 키스를 서슴없이 해댔다. 나는 서양인들이 남녀가 동거하다가 헤어지다는 것을 아무렇지 않게 반복하는 것에 충격을 받고 있었다. 아시아 여성으로서는 잘 이해되지 않는 부분이었다. 독일 젊은이들의 일상생활을 보면 남자와 여자 사이에 성적 욕구에 차이가 있는 것처럼 보이지는 않았다.

신애는 여러 철학자들의 성에 대한 담론을 연구하면서 자신의 생각이 서서히 변해가는 것에 대해 두려움을 느끼고 있었다. 그리고 사랑에는 육체적 관계가 따른다는 것을 어쩔 수 없이 받아들이게 되었다고 했다. 하지만 그녀는 자기 안에도 정말 서양 여성과 같은 성적 욕구가 있을 것이라고는 믿을 수 없다고 했다. 만약 과거의 신념과 충돌하는 자신의 억눌렸던 성적 충동을 발견하면 어떻게 하냐고 걱정하면서 혼란에 휩싸였다.

전에 나는 여성에 대한 억압의 문제를 성적 관점에서 바라보는 것을 천박하다고 여겼다. 남녀 동등한 취업, 임금, 정치 참여 등 공적 부문에 관해서만 관심을 두었다. 사회 생활에 있어서의 양성평등을 주장하는 것만으로도 한국에서는 혁명적이었다. 그러나 처녀의 방에서 성에 관해 몇 날 며칠 토론을 하고 나서는 여성 문제에서 성을 외면할 수는 없다는 사실을 깨달았다. 순결, 성희롱, 성폭력, 매매춘, 포르노 등 관심을 두어야 할 과제는 무척 많았다.

여성의 연애와 직장에 관하여 이야기한 날은 아주 격렬한 토론을 벌렸다. 여성이 결혼하면 직장을 그만 두어야 한다는 남자들의 편견을 어떻게 해서든 깨야 한다는 데에 합의했다. 우리는 토론을 하면서 합의에 이른 사항에 관해서 하나씩 서약을 해나갔다. 서약은 계속 쌓여갔다.

"우리 여성은 남자 때문에 자신의 직업 생활(커리어)을 희생하지 않겠다."
"우리는 일본강점기의 신여성이 밟았던 전철을 밟지 않겠다."
"우리는 선진국의 문화가 우월하다고는 생각하지 않으며 서

양문화에 빨려 들어 자신을 상실하지 않겠다."
"우리는 주로 한국인을 위해 일하겠다. 한국인이라면 남자든 여자든 사이좋게 어울려 사는 법을 찾도록 한다."

처녀의 방에 인희를 가입시킨 후 우리는 인희가 독일에 와서 겪었던 일을 상세히 알게 되었다. 나는 그녀의 친절에 은근히 짜증을 내곤 하던 예전의 버릇을 반성했다. 우리는 한국 간호사들의 인권을 찾기 위해 함께 행동을 취할 필요가 있다고 생각했다. 우리는 인희로 하여금 파독 간호사 모임을 갖도록 권유했다.

우리는 인희를 통해 독일 병원에 대해서 외국인 간호사에게도 사회 보험과 연금을 보장해 달라는 요구를 하도록 했다. 한 달에 걸친 협상 끝에 병원 측은 우선 의료 보험을 보장해 주기로 했지만 연금과 산재 보험은 병원이 혼자서 결정할 문제가 아니라면서 해결을 미루었다.

우리는 미지의 세계로 정복을 떠나는 전사와 비슷한 처지하고 생각했다. 우리 사회의 문제를 해결할 열쇠를 쥐기 위해서 비결을 찾아 먼 길을 떠나온 마술사이기도 했다. 우리는 이곳에서 열쇠를 얻어 우리 시대를 치유하게 될 것이라고 믿었다. 천 년 전 중국에 갔던 문익점은 붓 뚜껑에 목화씨를 숨겨 한국에 들여왔다고 했다. 우리는 사회를 운영하는 비결과 지적 재산을 가지고 고국에 돌아가려는 목적을 갖고 왔다.

연애관

신애는 허스키한 남자 목소리를 가졌다. 원래 목소리가 굵은 것인지 아니면 일부러 낮은 음을 내다보니 그렇게 되었는지 모르겠다. 신애가 목소리에 열등감을 가졌을지도 모르겠다. 하여간 신애는 목소리에 민감했다. 우리에게 모두 소리를 한 옥타브 낮추라고 말하곤 했다. 신애의 외모와 목소리는 아주 대조적이었다.

잉게가 오지 않은 어느 날 우리는 토론은 그만두고 그냥 가벼운 이야기나 하기로 했다. 우리는 바닥에 담요를 깔고 둘러앉아 다리를 쭉 뻗었다. 링링이 제안했다.

"우리 자기 자신을 해부하고 단점을 고백하는 시간을 갖기로 하자. 무엇보다 자기의 열등감에 대해 이야기해 보자."

신애는 엄마에 관해 이야기했다.

"내가 독일에 온 이유는 한가지야. 더 이상 엄마와의 불화를 견딜 수 없었어. 엄마가 보이지 않는 곳으로 떠나 영원히 그곳에 살고 싶었어. 엄마는 유부남과 사랑에 빠져 나를 낳았다고 해. 나는 아버지의 이중적인 태도를 용서할 수 없어서 늘 괴로워하며 컸어. 우리 사회에 은닉된 일부다처제를 증오

해. 한국 남자들은 사회적 체면과 달콤한 사랑 두 가지를 누리려고 교묘한 이중생활을 하고 있어."

신애는 학위 과정을 포기하고 연출가가 되어 종합적인 무대를 꾸려 보겠다고 말했다. 학위 과정은 꽉 막힌 사람들이나 하는 일이지 자기에게는 맞지 않는다고 했다. 그것은 신애다운 선택이었다.

링링은 인내력이 강하고 심지가 굳은 성격이었다. 그러면서도 새로운 환경에 잘 적응하고 명랑함을 유지하는 것이 내겐 신기했다. 가끔은 전통적 관습의 압력에 고집스레 대항할 때도 있었다. 그런데 링링은 외국에 나와서 그 나라 남자랑 연애하는 여자들이 경멸스럽다고 했다.

"서양 음식에는 전채요리(애피타이저)가 주요리(메인디쉬)에 앞서 나오잖아. 전채요리는 우리의 혀를 즐겁게 해주고 식욕을 돋우어 주는 역할을 하지. 하지만 그것의 매력은 주요리가 나오면 사라지는 것이야. 남자들이 총각시절 데리고 놀던 여자애를 내팽겨 치고 양가집 규수에게 장가가는 것을 보면서 코스 요리의 전채요리가 되지 말아야지 하고 다짐하곤 했어. 그런데 지금 내 문제는 친하던 남자들이 가까이 다가오면 오히려 몸과 마음이 싸늘해지는 것이야. 어차피 봉건적인 가정에 처박혀서 살지 못 할 거잖아. 그렇다면 여기서 연애해서 신랑감을 찾아야 할 거 아니야. 생각은 그렇게 하는데 몸이 따라 주질 않아."

링링은 인희에게 다음 차례를 넘겼다.

"난 한 남자에 집중해서 그밖에 아무 것도 보지 못하는 것이 단점이야. 우주에 오직 그 남자 한 사람만이 존재하는 것처럼 행동해. 그 남자가 아니라고 해도 마음을 돌리지 못하는 편이야. 남자 쪽에서 걷어차야 그제서 정신을 차리지."

인희는 하나를 택하면 그것만 날카롭게 파헤치는 성격 때문에 힘들 때가 많다고 말했다.

"난 남자를 만나면 그 사람이 언젠가 날 배반할 것 같아 두려워. 사랑한다고 하면서도 나를 하찮게 여길 것만 같아."

신애가 반박했다.

"그런 감정은 처녀라면 누구나 느끼는 것이야. 너 첫사랑 남자에게 배반당한 경험이 있구나."

신애의 말에 인희는 흠칫 놀라서 고개를 끄덕였다. 인희는 자기도 비밀과 걱정이 많지만, 자신이 심리치료사 과정을 밟고 있기 때문에 자기 이야기를 고객 앞에서 하지 않는다고 했다. 하지만 고민이 많은 사람이 좋은 심리치료사가 될 것이라고 생각한다고 덧붙였다.

인희는 잡다한 취미를 가졌다. 누구 어젯밤 멋진 꿈꾼 사람 없냐고 하면서 설익은 지식으로 해몽해 주는 것을 좋아했다.

"우리의 삶 자체가 잡탕으로 이루어져 있으니까. 인간을 알려면 잡다한 방면에서 접근해야 해. 난 심리학이니 해부학이니 하면서 인간을 한 쪽 면으로만 파헤치는 것은 딱 질색이야."

그러면서 그날 인희는 가방에서 타로카드를 꺼냈다. 타로 점을 쳐 주겠다는 것이다. 병원에서 한가한 시간에 선배 간호사에게 배웠다고 했다. 인희는 나를 손가락으로 가리키며 앞에 와 앉으라고 했다.

"난 점을 보는 것이 무서워서 싫어. 미래를 알게 되는 것이 두려워."

"그저 재미일 뿐이야. 점괘에 신경 쓸 거 없어."

타로점이 뭔지 모르지만 인희의 얘기를 들으니 거부감이 사라졌다. 이국적이어서 가볍게 느껴졌다. 인희가 직업적인 무당이 아니라는 점이 안심이 되었다. 장난이나 오락 같은 기분이었다.

인희는 여러 번 섞은 카드를 내밀더니 나더러 뽑으라고 했다. 내가 위쪽에서 한 장을 집어냈더니 인희가 카드를 뒤집어 그림을 보여주며 말했다.

"자, 이 카드는 너의 과거를 말해주는 것이야. 너 성직자가 되기를 원했었구나."

"신기하게 맞는데, 소녀 때 일엽스님 책을 읽고는 나도 비구니 스님이 되고 싶었어."

뒤에서 모두들 킥킥 거리고 난리였다.

나는 아래쪽에서 두 번째 카드를 꺼냈다.

"이번 것은 너의 현재를 말해주는 것이야."

"현재? 이 카드가 뭘 말해 주는데?"

"재판관 같은 종류의 근엄하고 권위적인 직업을 지망하는군."

"에이 그건 타로점이 아니라도 분명한 사실이잖아. 인희야 네가 그냥 아는 대로 지어내서 말하는 거지. 빨리 자백해!"

"여기 카드그림을 봐 두꺼운 망토를 입고 엄숙하게 앉아 있는 사람 보이잖아. 난 그저 카드가 말하는 대로 전달하는 거야. 그런데 또 하나 알려줄 것이 있어. 너에게 감추어진 비밀이 점점 커지고 있다는 것, 그리고 그 비밀이 네게 고통으로 작용한다는 사실이야."

"비밀이 점점 커진다고?"

"응, 과거를 나타내는 카드에도 구석에 검은 덩어리가 놓여 있었는데, 현재에 와서는 그 검은 것이 커다란 바위로 변했어."

"내겐 특별한 비밀 없는데."

"비밀을 갖지 않은 사람이 어디 있니? 비밀이란 숨겨진 욕망을 의미하기도 해."

"그것이 무엇인지는 나와 있지 않아?"

"자, 너무 꼬치꼬치 캐묻지 말고 마지막 한 장을 선택해 봐!"

"난 미래는 알고 싶지 않아. 괜히 불길한 예언이 나오면 기분만 상하잖아."

"불길한 미래일수록 미리 알고 대비해 나가야지. 그러지 말고 골라봐!"

미래를 예언할 카드를 집으려고 하는데 손이 떨렸다. 미래에 대한 기대가 큰 만큼 두려움도 큰가 보았다. 조심스럽게 카드를 한

장 집어내 뒤집어 보니 해골과 갈비뼈만 남은 사람이 홀로 배를 타고 강을 건너는 그림이었다.

뭐 이런 재수 없는 카드가 나의 미래로 예언되고 있단 말인가. 나는 속이 상했다. 과거 카드나 현재 카드가 미래로 선택되었더라면 성직자나 재판관이나 뭐 그런 괜찮은 직업을 갖게 될 거라는 희망을 가질 텐데. 이게 뭐야. 나는 그 카드가 못마땅했다.

"이 카드 무슨 뜻일까? 내가 유학을 중도에 포기한다는 뜻일까 아니면 죽음의 강을 건넌다는 의미일까. 어쨌든 되게 기분 나쁘다."

신애도 카드를 흘낏 보더니 놀라서 어떻게든 나를 위로하려 들었다.

"네가 사귀는 남자가 죽을 것이라는 의미인가. 얘, 너무 심각하게 받아들이지 말자."

인희가 점괘에 나온 암시를 풀어놓았다.

"너 앞으로는 고난과 장애물을 툭 털어 버릴 것 같다. 여기 카드 아래쪽을 봐! 강물에서 손들이 여러 개 뻗어 나와 갈

길을 막는 데도 배에 탄 사람은 즐거운 표정으로 앞으로 나아가고 있잖니?"

나는 인희의 손에서 카드를 빼앗아 자세히 살펴보았다. 그 설명을 듣고 보니 내 눈에도 그 말이 맞는 것 같이 보였다.

나는 찝찝한 기분을 전환하기 위해 신애를 끌어들이려고 했다. 하지만 신애는 정색을 하고 타로 점 보는 것을 단호히 거부했다. 내가 그 이유를 물었지만 아무 대답도 하지 않은 채 한사코 타로 카드를 밀쳐냈다.

결국 타로 점을 보고 우울해 진 사람은 나 뿐이었다. 링링도 타로 점을 보지 않겠다고 했다. 인희는 스스로 하도 여러 번 점괘를 읽어 보곤 해서 다시 볼 필요로 없다고 했다. 아침에 일어나 심심하면 그날 하루의 운세를 보는 카드를 뽑아 보는 날도 많다고 했다.

뭐니뭐니 해도 우리가 점괘로 알아내고 싶은 것은 남자와 엮여질 자신의 미래였다. 우리는 남자에 대한 갈증과 여자에 대한 우정 사이에서 고민할 나이였다. 주위의 남자들은 우리의 조잘대는 소리를 즐겁게 들어 주곤 했다. 우리는 가끔 남자에게 조잘거리는 일이 필요하다는 것을 알았다. 신애는 남자에게 확실한 거리를 두고 있었지만, 나와 미혜, 인희는 모두 그렇지 못했다. 좋은 남자를 만나 결혼하기를 꿈꾸고 있었다. 그 꿈을 한 번도 결혼해 보지 않고 접어버릴 수는 없었다. 연애 문제에 관해서 삼 대 일의 판세가 되어 버려서 신애는 마음 아파했다. 신애는 그 일로 우리에게 거리감을 느끼게 된 것 같았다.

따돌림

처녀의 방 모임을 결성한 초기부터 담배는 나를 괴롭히는 문제였다. 저녁밥을 먹고 나자마자 신애, 링링과 잉게는 담배를 나누어 맛있게 피웠다. 나만 담배를 안 피웠다. 난 어색한 분위기를 피하려 얼른 설거지를 했다. 토론이 시작되자 신애가 우선 내게 핀잔부터 주었다.

> "담배를 안 피우는 사람은 권위에 대한 도전이 진정 뭔지 모르는 사람이라고 생각해."

신애의 말이 끝나자마자 나의 얼굴은 붉게 달아올랐다. 신애는 자신이 담배를 피울 때면 곧잘 내게 모범생이라고 놀려댔다. 나는 번번이 반박하지 못하고 죄인처럼 기가 죽어 앉아 있곤 했다. 그날 신애의 말투는 신랄했다. 내 마음도 어찌해야 좋을지 모르고 흔들렸다. 신애는 이어서 긴 사설을 늘어놓았다.

"넌 여자로서 남자들 하는 법학을 공부하는 것만으로 여성 해방을 이루었다고 생각하니? 그런데 왜 남자들 피우는 담배는 안 피우는 거야? 조신한 여자가 지켜야할 행동수칙은 범하기 어렵다는 거겠지? 그렇게 인습에 칭칭 얽매어 있는 네가 감히 해방을 이야기 할 수 있어?"

공격은 날카로웠다. 난 적당한 방어수단을 찾지 못하고 계속 어리둥절한 채 앉아 있었다. 신애는 이어서 세 번째 공격을 날렸다.

"여자가 돈만 벌면 남자랑 똑같은 지위를 누릴 거라고 생각하지? 틀렸어. 넌 그러니까 클라라 체트킨에서 벗어나질 못하는 거야. 여자에게도 남자와 같은 일자리와 같은 임금을 주세요! 넌 그게 전부라고 생각하지? 직장에서 돌아오자마자 집안일을 도맡아 하고 그것도 모자라 남편에게 매를 맞는 한국 여자가 얼마나 많은지 생각해 봤어? 담배 지긋하게 물고 남편이 차려다 주는 저녁상을 앉아서 받을 너의 미래를 설계해 보는 게 어때?"

곁에 있던 링링이 재미있다는 듯 참견하고 나섰다.

"드디어 여성 운동가들 사이에 싸움이 벌어졌군. 이건 제도적 개혁론과 문화적 변화론 사이에 충돌이라고나 해야 할까. 보브아르를 숭배하는 미애가 클라라 체트킨에 대해 정면으로 도전하는 것이라고 해야 할까. 그래 나도 처음에는 잘못된 사회 구조가 문제라고 생각했었지. 체트킨은 나로 하여금 여성 해방에 눈을 뜨게 했어. 난 그것 때문에 체트킨에게 고맙게 생각해. 하지만 그것뿐이야. 지금은 체트킨의 단순성에 질렸어. 인간은 빵만 먹고 살지 않아. 커피도 마시고 담배도 피우고 하면서 나름대로 개성을 추구하지. 사회주의가 개성을 무시하는 것이 지겨워. 사르트르의 말처럼 나도 젊은 시절 한 때 코뮤니스트이었다는 것만으로 충분하다고 생각해. 이제는 그 단순한 선에서 벗어나고 싶어. 현실의 세상을 있는 그대로 보고 싶어. 어떤 것으로부터도 억압받지 않는 여자로서 자신의 개성을 펼치고 싶어."

링링이 끼어들자 논쟁의 열기가 더해졌다. 신애가 말씨름은 이제 그만하자는 듯 자리를 털고 일어서며 또 한 마디 던졌다.

"독일의 쓸쓸한 밤을 견디기 위해서 담배와 술은 필수 조건이야. 네가 이 맛을 모르 것이 친구로서 안타까웠어."

그날 이후 나는 담배를 배워 보려고 노력했다. 기관지가 좋지 않아서 그랬는지 매번 기침이 심하게 나서 담배 연기를 깊숙이 빨아들이지 못했다. 그것을 본 링링이 빈정댔다.

"마음속 깊숙이 모범생 기질이 있어서 담배를 거부하는 거야."

담배 얘기가 나올 때마다 옆에서 어색한 침묵을 지키던 잉게가 나서서 내게 면책 판정을 내려 주었다.

"너한테는 담배가 체질에 맞지 않는 것 같아. 무리하게 시도하지 마."

잉게는 신애를 설득했다. 덕분에 담배는 각자 취향의 문제이니 서로 간섭하지 않기로 결론을 냈다. 잉게가 한 마디 덧붙였다.

"너희들 참 이상해 각자 다르게 행동하는 꼴을 못 보는 것 같아. 단체주의에 무의식적으로 동조하고 있는 것 같이 보여. 모두가 똑같이 행동하기를 강요하곤 해. 그거 부자연스러운 거 아니야?"

나는 잉게가 펼쳐준 우산 속에 숨어 안도의 한숨을 들이쉬었다.

균열

무언가 귀를 거슬리는 소리에 눈을 떴다. 시계를 봤다. 아침 5시이다. 무슨 소리인가 내다 봤더니 인희가 밤샘 당번을 마치고 나에게 할 얘기가 있다며 들렀다. 문을 조용히 닫으라고 그렇게 신신당부했는데 잊었나 보았다. 두 시에 잠들었으니 아직 세 시간 밖에 못 잤다. 나도 짜증이 났지만 신애의 예민함이 더 걱정되었다. 밤을 꼬박 새우는 신애는 아직 잠들지 못했는지 옆방에서 부스럭거리는 소리가 들렸다. 인희가 눈치 없이 마루에서 큰 소리로 물었다.

"나야. 먹을 것 좀 가져왔어. 너희들 아직 잠들지 않았어?"

신애가 방문을 열고 나오면서 톡 쏘는 소리로 대답했다.

"방문 좀 조용히 닫고 다니라고 말했잖아. 간신히 잠들었는데 문소리 때문에 깼단 말이야."
"방문은 조용히 닫았는데. 꿈 꾼 거 아니야?"
"난 분명히 방문 소리를 들었어. 너 또 미안하니까 둘러 대는 것 아냐?"
"미안하니까 둘러댔다고? 내가 언제 그랬어? 오늘 병원에서도 어떤 손님이 자기가 잘못 말해 놓고 나한테 둘러댄다고 뒤집어씌우더니. 너희들에게 또 당하네."

인희는 한 시간 전 병원에서 당했던 모욕이 다시 가슴을 쿡쿡 쑤셔댄다고 했다. 환자를 방문한 손님에게 한참이나 괴롭힘을 당했었다고 했다. 손님이 꽃병을 가져다 달라고 했는데 물병을 가져왔다며 한참 동안 훈계를 하며 사과를 요구했던 것이었다. 미안하다고 했는데도 놔주질 않아 상급 간호사가 와서 빼내 줄 때까지 고스란히 손님의 짜증스런 불만을 들으며 병실에 붙들려 있었다.

신애가 분이 가시지 않는 듯 또 신경을 긁었다.

"그럼 옷장 문 닫히는 소리였는가 봐. 어쨌든 조심하지!"

"옷장 문은 원래 삐걱거리잖아. 조심했는데도 소리가 나는 것을 어떡해."

"꼭 이 밤중에 옷을 옷장에 걸어야 하니? 너도 꽤 고집스럽다."

"옷장에 걸어 두지 않으며 한 벌 뿐인 정장이 구겨지잖아. 그러지 않아도 병원에서 초라하게 입고 다닌다고 손가락질 받는데 구겨진 옷을 입고 출근하란 말이야? 너는 어째 네 생각만 하니."

인희의 기분은 아까 당한 억울함 때문인지 쉽게 회복되지 못했다. 신애가 그 기색을 눈치 채고 누그러진 어조로 말했다.

"오늘 당장 관리인에게 옷장 문을 고쳐달라고 하자. 네가 등교하는 길에 얘기 좀 해줄래?"

나는 눈치 없이 신애의 요청을 거절했다.

"문이 조금 삐걱 거리는 것뿐인데 수리해달라고 하긴 뭐 하잖아. 네가 부르든지 해. 난 그정도 소리는 듣기 괜찮은데."
"이기적 인간 같으니. 친구가 괴로워하면 자기에게도 괴로운 거지. 친구 사이에 그런 걸 가지고 편 가름을 하다니."

나는 신애의 머리꼭지가 돌기 시작했다는 것을 직감했다. 신애는 끊임없이 말을 쏟아냈다. 신애의 말은 내가 무신경해서 같이 살기가 힘들다는 것이 골자였다. 나는 그 이야기를 귀담아 듣지 않으려 노력했다. 신애는 한참 말을 퍼붓고 나서 한 시간만 지나면 더할 수 없이 다정해지곤 했다. 한 시간이 빨리 흘러가기를 소원했다. 그런데 오늘은 인희가 그 한 시간을 참지 못했다.

"신애야, 넌 왜 맨날 그렇게 유별나게 구니?"

"너는 논문을 써 보지 않아서 모를 거야. 논문 쓰다가 잠들려고 누우면 머리에서 윙윙 소리가 나고 주위의 소음이 방망이로 치는 것 같이 아파와."

신애의 그 말 한마디에 인희의 참을성은 무너졌다.

"그래 나 가방끈 짧다. 논문 쓰는 너는 예민하고 병원에서 일하는 나는 둔해 빠졌다는 거구나. 출신이 천한 나더러 어떻게 하라는 것이야?"
"너는 여기에서 왜 출신 이야기는 하는 거니?"
"너 맨날 얘기했잖아. 난 양반집 규수라서 이것도 못 먹고, 이 자리도 싫고 저 소리도 못 듣겠고, 학교가 어떻고 논문이 어떻고 잘난 체 하고도 모자라 늘 불평 투성이었지. 난 네게 맛있고 깨끗한 것으로만 준비해다 먹여 주었는데, 나를 하인처럼 취급하지는 마. 난 독일 환자들 임금님 같이 모시느라 뼈 빠지게 힘들어."

인희는 마룻바닥에 털썩 주저앉았다. 다른 날 같았으면 인희가 부엌으로 가 매콤한 음식을 만들어서 신애의 손을 잡아끌었을 것이다. 오늘 인희는 그냥 위로받고 싶은 기분이었다.

신애는 문을 쾅 닫으며 방으로 들어 가버렸다. 보통 때와 다른 신애의 거친 태도에 나는 어찌할 바를 모르게 되었다. 아마 생리일인 가 보았다.

다양한 성격의 인간들이 한 아파트에 모여 산다는 것은 쉽지 않았다. 게다가 우리는 모두 한국에서 말하는 소위 '노처녀'들이고 흔히 말하는 노처녀의 히스테리를 애써 누르며 지내고 있었다. 아무리 부정하려 해도 망망대해의 작은 섬과 같은 이곳의 생활환경은 우리의 가슴을 보이지 않게 짓누르고 있었다.

화해

담배 문제로 옥신각신 했던 저녁 이후 나는 처녀 모임에서 술을 많이 들이키기 시작했다. 맥주라면 나도 친구들만큼은 할 줄 알았다. 학교 식당에서는 공짜로 물을 주지 않아서 음료를 별도로 구입해야 했다. 알콜 없는 음료를 마시려면 사과 주스나 오렌지 주스 중에 하나를 선택해야 했다. 돈도 아깝지만 식사 중에 주스를 마시면 혀에 들척지근한 미각이 남아서 식욕이 싹 사라지곤 하는 것이 문제였다. 처음에는 비싼 미네랄 워터를 가방에 넣고 다니며 마셨다. 물을 마실 때 짭짜름한 미네랄 성분의 맛이 혀에 남고 트림이 자주 나왔다. 그리고는 한국에서 마시던 시원한 물 한 바가지 있다면 벌컥벌컥 마실 터인데 하는 상상으로 괴로워하곤 했다.

대부분의 학생들이 학교 식당 자동 판매기에서 맥주를 뽑아서 마시는 것을 보면서 나도 따라 해 보았다. 속도 편하고 경제적이었다. 그러다가 맥주에 맛을 들이기 시작하고 나니 그렇게 좋을 수가 없었다. 술을 마시면 공부로 쌓였던 긴장이 풀리고 나른해지며 훈기가 돌며 외국에 와있다는 사실이 잊혀졌다. 다만 맥주 한 잔을 마시면 얼굴부터 발끝까지 붉어져서 찜통에서 방금 꺼내 놓은 통닭 같아지는 것이 문제였다.

이 아파트에 이사 들어 온 후에는 친구들과 어울려 술을 마실 기회가 자주 생겼다. 자주 마시다 보니 주량이 조금씩 늘어갔다. 하지만 독일 친구들 앞에서 호기를 부릴 만큼의 주량으로 늘어나지는 않았다. 그 사람들은 위장이 나의 몇 배나 되어서 웬만큼 들이부어서는 꿈쩍도 하지 않았다.

어제 밤 늦게 아파트에 들렀던 인희가 그간의 사정을 모르고 내게 또 담배를 강권했다. 나는 늘 그랬듯이 죄인의 얼굴을 하고는 안 피우겠다며 그녀의 손을 뿌리쳤다. 인희는 나더러 독일 생활 한 지가 오래되었는데도 아직 담배를 피우지 않는 모범생으로 남아 있냐며 새삼스레 담배 문제를 물고 늘어졌다.

나는 처음에 그녀가 심심풀이로 놀려대는 것이려니 하고 가볍게 여겼다. 그런데 인희가 정색을 하고 불붙인 담배를 내 손에 쥐어주며 입으로 끌어갔다. 나는 갑자기 치솟은 담배 연기에 기침을 터뜨려 캑캑거리며 그녀의 손을 밀쳐냈다. 나는 흡연은 각자 취향에 따라 선택할 문제로 얼마 전 결론냈다고 말하며 그 자리에서 일어나 물을 마시려고 냉장고 문을 열었다.

옆에서 우리의 실랑이를 바라보던 신애가 갑자기 '위선자'라고 소리치며 내 쪽으로 담뱃갑을 확 던졌다. 담뱃갑은 냉장고 문에 맞고 바닥에 떨어졌다. 일단 그 순간의 충돌은 피했지만 신애의 돌발 행동에 깜짝 놀랐다. 그렇다고 내가 그 자리에서 신애를 비난한다면 나는 신애와 인희를 다 놓치고 혼자 떨어져 나가게 될 것 같았다. 어색한 공기가 흘렀다.

나는 찻잔에 코를 박고 한 모금 꿀꺽 마셨다. 모임의 분위기를 망치고 싶지 않았다. 조금 지나 우리는 계획했던 책읽기를 함께 해나갔다. 링링이 집에 돌아오자 지나갔다 싶었던 담배 얘기가 또 튀어나왔다. 링링조차 신애와 인희의 편에 가담해서 자기도 내가 모범생인 척하는 위선자라고 생각한다고 말했다. 그러면서 내가 자신에게 충실하기 보다는 남의 눈에 어떻게 보이는가에 연연하는 이중인격자라고 비난했다. 세 친구는 나를 표적으로 삼아 한참이나 위선적 행동에 대해서 목청을 높여 떠들었다. 인희가 근무시간에 맞추어 아파트를 나서는 것을 계기로 우리는 각자의 방으로 뿔뿔이 흩어졌다.

그 일로 내 마음에 깊은 앙금이 남았다. 친구들에게서 집중적인 비판을 받고 마음의 상처를 입었나 보았다. 그날 밤 침대에 누운 나는 친구들이 서로 맞장구치며 몰아 세웠던 일을 되씹었다. 논쟁을 좋아하는 신애가 나의 위선을 지적한 일은 종종 있었기 때문에 그녀의 비난은 그런대로 참을 만 했다. 그런데 어려서부터 가깝게 지내왔던 인희가 신애에게 동조하면서 낯선 태도를 보였을 때 난 정말 놀랐다. 인희가 나를 버리고 그녀에게 다가가려는 태도를 취하는 것이 배신으로 다가와 견디기 어려웠다.

그동안 따뜻하게 느껴왔던 '처녀의 방'에서 나 혼자 등 떠밀려 주변으로 벗어나고 있다고 느꼈다. 추운 벌판으로 혼자 버려진 아이와 같은 소외감에 몸을 바르르 떨었다. 사실 나도 속에 눌려 있던 욕망들을 다 표현하지 못하고 사는 것 때문에 스스로 힘들어 했다. 그런데 곰곰 생각해보니 그것이 위선적인 행동이었다는 자책감이 들었다. 사람은 진실을 지적받을 때 상처를 입을 수밖에 없다고 들었다. 친구들의 비난에 반박할 거리를 스스로 찾을 수 없던 나는 절망에 빠졌다. 상처입고 한 구석에 웅크리고 있는 동물 같은 자신이 혐오스러워서 견딜 수 없었다.

그날 이후 나는 공부에 집중할 수가 없었다. 학교에서도 온통 친구와의 어색한 관계에 대해서만 생각했다. 며칠을 고민한 후 신애에게 무릎 꿇고 다가가기로 마음먹었다. 신애를 방으로 찾아갔다. 책을 읽고 있던 신애가 뜻밖에 나를 반갑게 맞았다. 우리는 부엌으로 나와 차를 끓여 마시며 사소한 이야기를 나누었다. 신애는 링링이 학교에서 돌아오기를 기다렸다가 같이 저녁을 해 먹자고 화해의 손짓을 보냈다. 나는 기꺼이 그 제안을 받아들이고 링링이 오기를 기다리며 저녁 준비를 했다. 링링의 명랑한 분위기 덕택에 저녁을 먹는 동안 지난 저녁의 어색함을 떨쳐버리고 재미있게 이야기를 나누었다.

신애는 그날 저녁 토론에서 다시 보부아르에 대해서 열을 올리며 떠들어댔다. 그녀는 자기 의견은 무엇이든 친구들이 백 퍼센트 동의해 주기를 원했다. 그날 밤 침대에 누웠을 때 나는 다시 마음 속 깊은 곳에서부터 신애에 대한 거부감이 맹렬히 솟구쳐 몸이 부들부들 떨리는 것을 감지했다.

그즈음 잉게는 저녁 늦게 잠깐 들리곤 했다. 진작부터 잉게는 한국 여자들 사이의 미묘한 갈등을 눈치 채고 있었다. 그날 공부는 평상시보다 짧았다. 학습을 마치고 잉게는 우리를 차에 태워 시내로 데려갔다.

우리는 잉게를 따라 난생처음 디스코텍이라는 곳을 구경했다. 건물을 부술 듯이 소란스런 록 음악이 문을 열고 들어서는 우리의 귀를 멍멍하게 만들며 덮쳐왔다. 테이블마다 맥주나 와인을 시켜 놓은 젊은이들이 빼곡히 모여 있었다. 록 밴드 앞 넓은 마루에는 발 디딜 틈 없이 서서 몸을 흔들어대는 남녀들로 붐볐다. 우리는 와인을 한 잔 씩 마시고 음악에 취해 느슨히 기댄 자세로 앉아 있었다.

고막을 찢을 듯 울리는 미국 팝 음악을 들으며 우습게도 고향에 온 것 같은 착각에 빠져 들었다. 미군 부대를 통해 흘러나온 미국 팝송은 젊음의 분출구였다. 유럽에 와서 미국문화에 향수를 느끼는 자신이 한심스러웠지만 감정은 솔직한 것이니 어쩔 수 없었다.

잉게는 틀에 박힌 동작이 필요 없이 음악에 몸을 맡겨 흔들면 된다고 알려주었다. 우리는 전에 디스코를 추어 본 적이 없어서 두려웠다. 와인을 한 잔씩 더 마신 후 홀에 나가 모두 함께 몸을 흔들어 보기로 했다. 나는 중앙 마루에 나선지 얼마 안 되어 춤을 즐기기 시작했다. 격렬한 리듬이 나의 몸에 흘러들어 다른 이들과 자연스레 어울려 몸을 흔들어 댔다.

'한국 남자들이 우리를 본다면 타락한 계집이라고 손가락질 하겠지' 하는 생각이 퍼뜩 들었다. 주위를 둘러봤다. 그곳에는 한국인이라고는 우리 세 명밖에 없어 소문이 날 염려 없이 자유로웠다. 얼른 그 바보 같은 생각을 떨쳐 버렸다. 친구들이 나더러 모범생 기질을 못 버렸다고 몰아세우는 것은 맞는 말이었다.

유학을
꿈꾸다

유학을 꿈꾸다

제8장 가방을 싸다

Pack a bag

제8장 가방을 싸다

총격

매서운 바람을 동반한 비가 부슬부슬 내리던 밤, 아파트 문이 왝 열리더니 인희가 눈물로 얼룩진 모습으로 뛰어들어 왔다. 나는 인희가 들어서는 모습을 본 순간 무언가 심상치 않은 일이 생겼음을 직감했다. 그녀의 젖은 코트를 벗기고 몸을 부축해 조심스레 식탁 앞에 앉혔다. 식탁 위에 올려놓은 손이 식탁 표면을 탁탁 치며 떨고 있었다. 병원에서 수간호사에게 야단이라도 맞은 걸까 물어보고 싶었지만 나는 얼른 차부터 끓였다. '우선 따뜻한 차 한 잔을 마시면 언 몸이 녹으면서 긴장이 풀리겠지' 하고 가볍게 생각했다.

몇 번이나 그녀의 손에 찻잔을 쥐어주려다 실패하고 난 후에야 숟가락으로 찻물을 입에 떠 넣어 주었다. 찻물을 서너 모금을 마시고 난 후에 그녀는 고개를 탁자에 푸욱 떨어뜨리고 소리 내어 울기 시작했다. 인희가 흐느낌과 함께 말했다.

"헬무트가 죽었어. 내 앞에서 죽었어. 괴한의 총에 맞아 죽었어."

그녀가 다시 고개를 들기까지 무척 오랜 시간이 지났다. 인희는 몸의 떨림을 눌러가며 병원에서 일어난 사건을 대충 설명했다.

"내가 헬무트 병상에 다가가 체온을 재려고 주머니에서 체온계를 꺼내던 순간이었어. 갑자기 뒤에서 문이 확 열리는 소리가 나더니 찬바람과 함께 외부인이 들어서는 것을 느낄 수 있었어. 채 일 분도 지나지 않아 작은 총성이 여섯 발 들렸어. 그리고 헬무트의 왼쪽 가슴에서 피가 흐르는 것을 보았어. 옆의 침대에 있던 아랍 남자의 가슴에서도 피가 흘렀어. 나는 무서워서 어쩔 줄 몰라 하다가 병실을 뛰쳐나가 주임 간호사의 손을 붙들고 들어왔어. 그 간호사는 두 사람 모두 숨이 끊어져 있는 것을 확인하고는 나를 병원 사무실로 데리고 갔어. 경찰이 오고 나는 여러 사람에게 둘러싸여 많은 질문을 받았어. 경찰이 나더러 이제 집에 가도 좋다고 했어. 그런데 내 기숙사에는 가고 싶지 않더라고. 곧장 이리로 온 거야."

"얼마나 놀랐겠니. 우리에게 오길 잘했어."

다음 날 신애가 슈퍼마켓에서 가서 지역 신문을 사 가지고 왔다. '아랍인의 보복 총격에 독일인 억울하게 희생'이라는 표제 아래 어제 대학 병원에서 있었던 사건이 작은 박스 기사로 취급되어 있었다. 대학 병원 2인실에 입원해있던 환자 두 명이 총격으로 모두 사망했는데, 한 명은 독일인이고 다른 한 명은 터키인이라고 했다. 총을 쏜 범인은 사건 직후 병원 비상구에서 검거되었다고 했다. 범인의 신원은 미상인데 아랍계 외국인으로 추측된다고 했다. 범행 동기는 조사 중인데 이슬람교도 사이의 보복 살인으로 추측된다고 했다.

우리는 총격 사건이면 대단한 뉴스거리라고 생각했는데 그 신문기사는 우리의 기대에 비해 아주 작았다. 흔한 뒷골목 범죄사건처럼 가볍게 다룬 보도태도에 무척 놀랐다. 우리는 헬무트가 이인용 병상의 이웃을 잘못 만났기 때문에 사망했다는 사실을 쉽게 받아들일 수 없었다. 타인의 보복범죄에 운 나쁘게 끼어들어 사망한 것이라는 보도를 그대로 받아들여야 하나 하고 저마다 한마디씩 했다. 우리는 대학 시절부터 신문의 뉴스에 대해 의심하도록 훈련받은 사람들이었다.

몇 달 전이었다. 저녁을 먹을 때 신애가 느닷없이 내게 물었다.

"너 정치인 장준하가 어떻게 죽었는지 알고 있니?"

나는 한참 동안 한국에서 겪었던 과거의 기억들을 되살리려 노력해 보았다. 그러고 보니 한국을 떠나기 얼마 전부터 신문을 안 보아서 최신 뉴스에 어두울 수밖에 없었다. 더구나 독일에서의 북한신문 사건이 있고 난 후부터는 한국어 신문에 대해 과민 반응을 일으키는 자신을 제어하지 못하고 있었다. 독일 사회에 적응하는 일만으로도 과부하가 걸려 실수를 연발하는 터여서 한국에서 일어난 일을 까마득히 잊게 했다.

"글쎄, 야당 정치인 장준하가 돌아가셨다는 신문 보도를 전에 읽은 것 같기도 하고 아닌 것 같기도 한데, 언제 어떻게 돌아가셨는지는 모르겠는데."
"너 장준하가 등산 중에 발을 잘못 내디뎌 추락사했다는 보도만 봤구나."

신애는 그 대답에 그럴 줄 알았다는 듯이 즉각 반격을 가했다.

"그가 어떻게 죽었는지 분명하지 않아. 한국에서 일어난 수 많은 의문사 중 한 예라고 할 수 있어. 중요한 것은 그가 군사정권에 걸림돌이 되었고 그의 죽음으로 장애물이 하나 사라졌다는 결과가 생겼다는 사실이지."

"근데 너 그 사실을 왜 지금 캐내려 하는데."

"이곳에서는 그 사건에 관해 여러 가지 억측이 떠돌고 있단다. 나중에 기회가 되면 말해줄게."

나는 침대에 혼자 누워서 추리 소설 작가라도 된 기분으로 그 의문의 죽음에 대하여 여러 가지 시나리오를 구성해 보았다. 다음 날 저녁 나는 신애를 기다려 추리해 본 시나리오에 대하여 그녀에게 얘기를 해 주었다.

신애는 내가 숙제로 낸 의문 사건을 진지하게 생각해 본 것을 칭찬해 주었다. 그러면서 상당한 분량의 복사물을 보여주었다. 신애는 한국에서 입수할 수 없었던 정보들을 어디에선가 잔뜩 얻어다가 감추어두고 있었다. 나는 그 자료를 빼앗듯이 집어 들고 방에 들어가 침대에 엎드려 하나씩 읽어 나갔다. 수북한 자료 뭉치를 하룻밤에 다 읽어치웠다. 마지막 장을 덮고 나서 헤어 나오기 어려운 망연한 상실감에 빠졌다. 고국의 정치적 사정이 이렇게까지 나빴구나. 외국에 살면서 한국을 더 잘 알게 된다는 사실이 싫었다. 외국에서 할 수 있는 일이 없는데 아는 것만 많아져 봐야 무슨 소용인가. 자신을 알기 위해서는 집을 떠나봐야 한다는 아버지의 말을 인정하고 싶지 않아 했었지만 그때만큼은 사실이라고 인정했다.

복사물 중에서 내가 가장 재미있게 읽은 것은 일본 시사 평론지에 연재되었던 'TK 통신'칼럼 모음집이었다. 그 통신문에는 대학 시절 학생들 사이에 떠돌던 루머가 논리 정연하게 정리되어 있었다. 학창 시절 민법 강의를 해주었던 최종길 교수 의문사의 배후를 설득력 있게 서술한 통신문을 보고 내 마음은 그쪽으로 확 돌아섰다. 그 통신문은 막연히 루머를 적어 놓은 데에 그치지 않고 사실 묘사가 풍부했다. 매 사건마다 연관된 구체적 사건을 곁들어 이야기를 논리적으로 전개했다.

그 통신문들을 읽고 나니 세상일을 바라보는 관점이나 사건을 이해하는 방식이 전과 달라졌다. 깊은 밤 자려고 불을 끄면 대학 시절 마음 속 깊이 감추어 놓았던 의문들이 하나씩 떠올랐다. 내 나름대로 사건의 진상이 무엇인지 추리해 보는 습관을 갖게 되었다. 그 통신문에서 또 어떤 사건을 언급할지 몹시 궁금해졌다. 나는 신애를 붙잡고 다른 복사물을 구해 달라고 졸랐다. 신애는 그 모음집 이후에 새로 연재된 TK통신문도 입수하는 대로 보여 주겠다고 약속했다.

나는 헬무트에 관한 기사를 읽고 처음 TK 통신문을 읽었을 때 받았던 충격이 떠올랐다. 독일의 신문보도는 믿어도 될까. 정말 그럴까. 헬무트를 겨냥한 총격은 아니었을까. 신애와 나는 상상에 상상을 거듭했다. 유태인은 나치 전범을 사살하기 보다는 재판에 세우기를 원했다. 하지만 나치 전범임을 증명할 명백한 자료가 없는 때에는 자기 손으로 정의를 실현하겠다는 만용으로 전범을 사살하는 경우도 많았다고 들었다. 우리는 헬무트가 나치 시절 국외로 피난가지 않고 그의 저택에서 계속 살았다는 것밖에는 아는 사실이 없었다. 헬무트가 그 시절 어떤 일을 했었는지 전혀 들은 적이 없었다. 만약 그가 나치에 조금이라도 협조했었다면 얘기는 달라지겠지. 어쩌면 그에게 원한을 품었던 유태인이 있을 수도 있었을 것이다.

추모

헬무트의 장례식이 치러진 지 한 달쯤 지난 후 신애와 나는 추모 모임에 초대장을 받았다. 우리에게까지 초대장이 발송된 것이 신기해서 봉투의 앞뒤까지 훑어보았지만 초대한 독일인의 이름을 전에 본 기억이 없었다. 독일인들의 저녁 식사에 정식 초대장을 받은 것은 처음이었다. 잉게가 놀러 와서 자기도 초대받았다며 생전에 알고 지내던 친구들이 모여 디너 파티를 여는 것뿐이라고 설명해 주었다.

저녁 모임은 중세에 건축된 성을 개조한 연회장에서 열린다고 했다. 초대장을 받자마자 신애는 입고 갈 옷이 없다며 걱정을 하기 시작했다. 나도 가방을 열고 옷들을 뒤적여 보았다. 잉게의 말에 의하면 검은 드레스를 입고 가야 한다는데 가방에 검은색 옷 비슷한 것도 없었다. 그 참에 한 번도 입어 보지 않은 앵두 빛깔 원피스를 꺼내 몸에 걸쳐보았다. 출국하기 전 급히 양장점에서 맞추어 가지고 온 것이었다. 엄마 친구가 외국에서는 주말마다 파티를 하니 드레스 몇 벌은 가지고 가야 한다고 걱정했다. 엄마는 발끝까지 오는 화사한 색깔의 원피스를 하나 맞추어 주면서 그것으로 어떻게든 견뎌보라고 했다. 유학생 처지에 드레스를 입고 갈 파티에 초대받을 일도 없는데 괜히 엄마에게 부담을 준 것 같아 미안했다.

한참이나 고민한 끝에 우리는 잉게에게 다른 핑계를 대며 같이 갈 수 없게 되었다고 얘기했다. 눈치 빠른 잉게는 한 참 후에 다시 오더니 우리 앞에 검은색 드레스가 잔뜩 든 상자를 내려놓으며 마음대로 골라 입으라고 했다. 독일 여학생들도 그런 모임에 갈 때는 의상을 빌려 입는다고 했다. 나는 그중에 제일 작은 사이즈의 드레스를 골라내어 내 키에 맞게 길이를 줄이려고 거울 앞에서 가늠해 보았다. 두 뼘이나 치맛단을 줄이면서 나의 작은 키에 한숨이 나왔다.

잉게가 자동차를 운전하는 남자를 가리키며 자기 오빠 미카엘이라고 우리에게 소개했다. 잉게가 오빠는 곧 의과대학을 졸업하고 고향마을에서 개업하게 될 거라고 말했다. 나는 삼 층 집에서 이웃으로 지내던 그를 이미 알고 있었지만 잉게의 오빠라는 사실은 처음 알았다.

미카엘은 찢어진 셔츠와 헐렁한 청바지를 걸치고 있었다. 그의 연갈색 곱슬머리가 어깨 밑으로 치렁거리는 모습이 록 밴드 기타리스트 같이 보여 장래 흰 가운의 의사로 잘 자리 잡을 수 있을지 걱정될 지경이었다. '세상에! 추모 모임에 저런 거지차림으로 오다니.' 나는 속으로 혀를 내둘렀다. 미카엘은 나의 시선을 의식했는지 자신은 요즈음 격식을 거부하는 히피사상에 심취해 있다고 했다.

연회장은 T시에서 한 시간 운전해서 가야 하는 작은 마을에 있었다. 미카엘이 자동차 밖으로 손을 흔들며 우리에게 서두르지 않으면 약속 시간에 늦는다고 소리쳤다.

자동차로 달리는 동안 우리는 감옥을 벗어난 해방감을 느꼈다. 열려진 창문으로 성난 파도처럼 몰려드는 바람은 숲의 독특한 향기를 코에 불어 넣어 주었다. 도로변으로 큰 키의 전나무가 빽빽이 이어져 도로 양쪽으로 높이 쌓인 장벽 사이를 달리는 것 같았다. 산길로 접어드니 산림조성계획에 따라 나무를 베어 놓은 지점과 숲을 유지하는 지점이 바둑판처럼 교차하고 있었다. 도로의 구부러진 곳마다 사슴의 행진을 방해하지 말라는 표지판이 세워져 있는 것이 무척 신기했다.

연회장으로 사용되는 성채가 검은 숲의 한 봉우리 정상에 서 있는 것이 멀리서 보였다. 굽이굽이 흐르는 강과 뾰족 지붕의 교회 등 아랫마을 전경이 그대로 보였다. 성 밖 벽에 박힌 큼직큼직한 돌들은 언뜻 보기에도 수백 년의 세월이 배어 있는 듯했다. 마지막 산등성이를 넘어 성벽 주위의 화단을 뒤덮은 붉은 꽃무리가 보이자 우리는 일제히 탄성을 질렀다.

미카엘은 꼬불꼬불한 산길을 곡예사처럼 잘도 운전해갔다. 그의 능숙한 운전 솜씨 덕분에 우리는 초대 시간보다 삼십 분 일찍 도착했다. 그는 주위를 산책해 보라며 우리를 정원 앞에 내려주고 주차할 자리를 찾으러 갔다.

조금 떨어진 나무들 사이 철조망 안에 꽃사슴들이 나뭇잎을 씹으며 거니는 모습이 한참이나 우리의 시선을 사로잡았다. 나는 요정들의 세계에 들어선 것 같은 착각에 빠졌다. 신애가 벌써 여섯 시가 지났다고 시계를 흔들 때야 나는 오늘 저녁이 추모 모임이라는 사실을 상기했다.

이미 수십 명이 넘는 손님들이 넓은 홀과 그 옆방에 빼곡히 서있었다. 그들은 술잔을 한 손에 들고 다른 손으로 악수를 나누고 있었다. 별다른 추모 행사 없이 바로 저녁식사로 들어가는 눈치였다.

웨이터에게 샴페인 한 잔을 받아 마시고 난 나는 뭘 좀 먹을까 하고 식탁 쪽을 보았다. 식탁 위에는 포크와 나이프만 놓여 있고 음식은 전혀 차려져 있지 않았다. 떡 벌어진 음식상을 받을 것이라고 기대했었는데 실망이 컸다. 대부분의 손님들은 와인을 마시면서 이야기를 나누는 데에 집중하고 있었다. 텅 빈 식탁이 너무 이상하서 주위를 잘 살펴보니 옆방에서 음식을 담은 접시를 들고 나오는 사람이 보였다. 그제야 셀프 서비스 뷔페로 음식이 준비되어 있다는 것을 알았다.

옆방에 들어 가보니 큰 접시에 얇게 저민 햄 수십 가지가 멋진 모양으로 담겨 있었다. 잉게가 다가와 방금 전에 도축장에서 배달받은 싱싱한 햄들이라며 하나씩 골고루 먹어 보라고 귀에 대고 속삭였다. 나는 독일식의 차가운 저녁 요리에 익숙하지 못해 얼른 손이 가질 않았다. 여기 저기 둘러보다가 야채스프를 담은 단지를 발견하고 따뜻한 국물부터 가져다 먹었다. 배속이 조금 따뜻해지고 나서 다른 손님들 뒤에 줄을 서서 햄과 샐러드를 조금 덜어다 먹었다. 담아 온 음식을 간신히 다 먹고 나자 디저트건 음료건 더 이상 먹고 싶지 않았다. 신애를 쳐다보니 그녀 사정도 마찬가지인 듯 내게 윙크를 보내왔다. 우리에게 연회장이란 의자를 들고 벌서던 교실 복도나 마찬가지로 지겨운 장소였다. 우리는 한 시간도 채 안 되어 어떻게든 이곳을 빠져나가 집으로 갈 궁리만 하고 있었다.

여덟 시의 괘종이 울리자 피아노 연주자와 바이올린과 첼로를 든 연주자들이 나와 클래식 실내악 곡을 연주하기 시작하였다. 연주자들은 손님으로 온 사람들이었다. 출장 온 전문 연주자는 아니고 아마 친구들인 것 같았다. 한 팀이 끝나면 이어서 다른 팀이 나와 연주를 계속 이어갔다. 손님들은 추모 선물로 음악을 준비해 온 것 같았다. 가끔 거리에서 흘러나오는 군가 같은 유행가를 들으며 독일인들은 단조롭기 짝이 없다고 혹평했던 선입관을 버려야 할 것 같았다. 보통 사람들까지 이렇게 클래식 연주를 애호하는 줄은 전에는 몰랐었다. 물론 그런 애호가는 중산층 이상 고등 교육을 받은 사람에 한정될 것이었다.

잉게, 그녀의 남자 친구 그리고 미카엘 셋은 부르크너의 피아노, 바이올린, 첼로의 삼중주곡을 연주했다. 미카엘은 그 사이 머리를 뒤로 단정히 묶고 흰 셔츠와 검은 바지로 엄숙하게 차려입고 있었다. 저런 것이 자동차를 몰고 다니는 이곳 애들의 문화이구나. 자동차트렁크에 갈아입을 옷을 가져 왔으리라고 생각조차 못한 나의 순진함에 얼굴을 붉혔다.

남매가 함께 연주하는 모습이 무척이나 아름다워 연주를 바라보는 동안 가슴 속에서 부러움이 샘솟았다. 언제나 떠들썩한 환경에서 지내는 듯 했던 잉게에게 피아노로 클래식 음악을 능숙하게 연주하기까지 혼자만의 연습 시간이 있었을 것이라는 것이 믿어지지 않았다. 그동안 알지 못하던 잉게의 새로운 면을 발견하고 새삼 그녀가 중산층 이상의 독일 가정에서 성장한 아이라는 점을 깨달았다. 미안하게도 우리는 악기를 연주할 줄도 모르고 이런 문화도 처음이라 아무 것도 준비하지 못했다. 신애가 속삭였다.

"이러니까 독일에서 바흐, 베토벤, 브람스 같은 음악가가 나왔구나. 아인슈타인이 피아노를 아주 잘 연주했다는 얘기는 읽은 적이 있지만, 독일인이 모두 다 음악가인줄은 몰랐어."

음악회 사이사이 웨이터가 와서 주방에 새 음식이 준비되었으니 가져다 먹도록 권했다. 나는 이미 양이 차서 더 먹을 수 없었지만 호기심에 옆방에 가서 구경을 해보았다. 그제야 본격적인 더운 요리가 나오고 있었다. 구운 양고기요리, 진한 소스에 버무린 사슴고기요리, 그 지방 특유의 조리법에 따른 돼지고기 찜, 그리고 무엇보다 내 관심을 끈 것은 고기를 넣고 찐 쌀밥이었다. 그밖에도 재료가 무언지 짐작도 안가는 요리가 주방에서 만들어지는 즉시 커다란 쟁반에 담겨 계속해서 손님들에게 제공되었다.

연주가 모두 끝나고도 손님들은 서서 떠들고 돌아다니면서 식사를 계속했다. 나는 몇 시간이나 계속 서 있어야 하는 저녁 모임에 익숙하지 않아 다리가 부어올라 몹시 피로해졌다. 신애가 더 이상 음식 냄새를 참지 못하겠다며 내 손을 잡아끌고 정원으로 나갔다. 잉게가 따라 나와 T시로 돌아가는 차편이 있나 알아봐 주겠다고 했다. 신애와 나는 T시로 나가는 셔틀버스를 타고 나오면서 졸음을 참느라 안간힘을 썼다.

검은 숲의 산길에는 가로등도 없이 주위가 완전히 깜깜했다. 자동차의 헤드라이트에 비추이는 도로 표지판의 야광 표식이 이어지는 것을 바라보며 나의 길은 어디로 이어져 갈지 하는 생각이 들어 작은 한숨을 쉬었다.

국적

인희가 아파트에 왔다 간 지 한 달이 넘었다. 병원 일로 바빠서 두세 주일 들르지 못했던 때도 있었기에 큰 걱정은 하지 않았다. 내가 병원으로 들려봐야 되겠다고 생각하고 있던 중에 인희에게서 전화가 왔다. 아니 정확히는 같은 병원의 한국인 간호사가 대신 전화했다. 전화 목소리는 매우 사무적이었다. 인희가 아파서 입원하고 있는데 내가 면회를 왔으면 좋겠다는 얘기였다. 그 목소리가 알려준 대학 병원 15층은 놀랍게도 정신병동이었다.

면회실에 들어오는 인희의 모습은 한 달 전하고는 달리 살이 핼쑥하게 빠져 있었다. 의자에 걸터앉아 털옷을 짜고 있던 한국인 간호사는 내가 오는 것을 보고 커피를 한 잔 건네주고는 나가려 했다. 나는 같은 한국인이라는 이유로 간호사를 쳐다봤지만 그녀는 얼른 자리를 비켜주는 것이 임무인 듯 황망히 나갔다. 주위를 휘 둘러보았다. 면회실은 살구색 벽지의 인테리어 덕분에 깔끔하면서도 포근한 분위기를 자아냈다. 창문을 통해 들어온 오후 햇살은 난방의 온기에 더해 마음까지 따뜻하게 만들었고 은은한 오렌지 향기가 꽃밭에 온듯한 착각을 불러 일으켰다.

나는 인희에게 무슨 말을 해야 좋을지 알 수 없어 머뭇거렸다. 인희는 매우 초췌한 모습으로 걷기도 힘든 듯 했다. 나는 두 팔을 뻗어 인희를 감싸 안았다. 두 손바닥으로 그녀의 등을 비벼주었다. 그것이 내가 인사말 대신 해 줄 수 있는 위로의 표현이었다.

갑자기 인희가 나를 밀치면서 크게 뜬 눈으로 나를 찬찬히 바라보았다. 그녀는 벽 쪽으로 홱 고개를 돌렸다. 나는 그녀의 고개를 잡고 내 얼굴 쪽으로 당겼다. 그녀의 눈꼬리에서 말간 액체가 주르르 흘러나오는 것을 보니 가슴이 저미어지는 듯 아파왔다. 나는 눈물을 닦아주려 손수건을 찾았다. 그녀는 나의 눈을 똑 바로 쳐다보며 빼려던 내 손을 힘을 주어 꽉 쥐었다. 인희에게 이런 강인한 힘이 있다니. 나는 손아귀에 통증을 느꼈지만 그대로 가만히 있었다.

간호사가 다시 면회실에 들어와 인희의 상태를 점검하고 눈가를 닦아주면서 말을 꺼냈다.

"어머 환자의 시선을 보니 현실 감각이 돌아온 것 같네요. 놀라워요. 오전에는 계속 의식 없이 헛소리만 중얼거렸는데. 친구인지 알아보는 것 같네요."

"그럼 인희에게 그동안 의식이 없었나요?"

"식사도 잘 못하고 잠도 잘 못 잤어요. 하루 종일 불안에 떨며 도와달라는 소리만 계속했어요."

나는 손이 아파 쥐었다 폈다 하기를 몇 번 반복하였다. 그녀는 내 손을 바라보다가 시선을 돌려 내 얼굴을 한참 쳐다보더니 말을 걸어 왔다.

"여기 있을 거지?"
"응, 그럴게."

나는 인희의 병실에서 함께 식사하고 그녀가 수면제를 맞고 잠드는 것을 기다려 아파트로 돌아왔다. 나는 다른 일을 모두 접고 매일 병원에 가서 그녀와 함께 지냈다. 병원에서도 내가 매일 면회 오는 것을 반기는 눈치였다.

인희의 말수가 하루하루 눈에 띄게 늘어났다. 차츰 이곳이 독일인 것도 인지하게 되더니 곧 거의 모든 기억이 정상으로 돌아왔다.

의사로부터 퇴원해도 좋다는 허락을 받고 나는 인희를 우리 아파트로 데리고 갔다. 마침 링링이 약혼자가 있는 도시로 이사를 떠나 방이 비어 있던 터였다. 퇴원할 것이라는 전갈을 받고 신애가 미카엘의 도움을 받아 인희의 짐을 병원기숙사에서 링링이 쓰던 방으로 옮겨 두었다. 그녀의 짐은 몇 벌의 옷과 여행 가방 한

개 뿐 의외로 간소했다.

인희는 우리가 학교 간 동안 청소하고 빨래하고 식사준비를 해 두는 일로 소일했다. 이제 병원 간호사로는 더 이상 근무할 수 없게 되었다. 그렇게 한 달이 흘러갔다. 신애가 조심스레 인희에게 물었다.

"한국에는 언제 돌아갈거니? 취업 비자가 만료되어 출국해야 되는 거 아니야?"

"나 한국에 돌아가지 않을 거야. 돌아가지 않아도 돼. 나 얼마 전에 독일 국적을 취득했거든."

나는 깜짝 놀랐다. 혹시 인희의 의식에 아직 현실감을 상실한 부분이 있는 것을 아닐까 걱정이 되었다. 인희는 독일 국적을 취득하기까지의 비밀스런 사연을 털어놓았다. 그 얘기를 듣고 내가 쓸데없는 걱정을 했다는 것을 알았다. 인희는 한국 전쟁 중에 태어나 어려운 시대를 살아온 영악한 한국 여성이었다.

내가 신애의 아파트로 이사한 후 인희가 헬무트를 다시 만난 것은 병원이었다. 장기 입원 환자였던 헬무트는 그 병원에 혹시 한국 간호사가 없는지, 만약 있다면 자기에게 한국 간호사를 배치해 줄 수 있는지 물었다고 했다. 수간호원은 암으로 여생이 얼마 남지 않은 헬무트의 소원을 기꺼이 들어주려고 했다.

"아래층에서 일하는 간호사가 한국인이랍니다. 손이 야무지고 아주 친절한 편입니다. 그런데 요즈음 무슨 고민이 있는지 초췌한 모습으로 말을 잘 안하는 편입니다. 한 번 만나서 얘기해 보고 결정하십시오!"

헬무트는 인희를 만나보고 나에게 자주 놀러왔던 친구라는 것을 금새 알아보았다. 두 사람은 삼 층 집 이야기도 하고 커피숍 사건도 회상하고 나의 근황에 대해서도 이야기 하는 동안에 마음이 통하게 되었다고 했다. 헬무트가 인희에게 무슨 고민이 있기에 그렇게 야위었냐고 물었지만 그녀는 도통 입을 열려고 하지 않았다. 인희는 오랜만에 만난 헬무트에게서 친척아저씨 같은 친근감을 느꼈다. 키가 크고 비쩍 마른 모습이며 노랑에 가까운 황금색의 머리카락에도 익숙해졌다.

그날 저녁은 병원 기숙사 동료들이 바비큐 파티를 여는 날이라 그의 허락을 받고 친구들과 어울려 밤늦게까지 지냈다. 동료들이 이 기회를 놓치면 아깝다고 꼭 참석하라고 당부했던 대로 바비큐 파티는 성대했다. 돼지고기와 소시지는 물론이고, 독일에서는 보기 드문 소고기와 새우도 꼬치에 끼워져 숯불 위에 얹어 있었다. 와인에 레몬과 설탕을 넣어서 따뜻하게 데운 '글뤼바인'은 술을 잘 못하는 인희에게도 거부감이 없이 다가왔다.

한참 즐겁게 떠들며 식사하던 중 문득 죄책감이 들었다. 헬무트의 창백한 얼굴에 어린 허무감과 눈가를 흘러내리던 액체가 떠올랐다. 내 아버지도 아닌데 왜 미안한 마음이 드는 걸까 당황스러웠다. 아마 그의 병동이 바로 옆 건물이라서 그런 것이겠지 하고 넘겼다. 인간은 인간을 만나면서 서로 엉켜드는 것을 피할 수 없다는 생각이 들었다. 다음 날 아침 헬무트의 머리를 빗기며 흰머리가 반이나 섞여 있는 것을 발견하고는 문득 고향에서 병상에 계신 아버지가 떠올랐다. 인희는 스스로에게 깜짝 놀랐다. 독일인에게 잠시나마 혈육의 정을 느꼈다니 어지간히 외로웠구나.

헬무트의 병세가 조금 나아져 퇴원을 하는 날이었다. 인희는 수간호원으로부터 헬무트의 방문 간호를 해달라는 요청이 있었다는 전갈을 받았다. 인희가 삼 층 집으로 헬무트를 방문한 날 그는 인희의 손을 잡으며 그동안 말하지 않았던 과거사를 늘어놓기 시작했다.

차선책

인희는 일주일에 두 번씩 오후 6시에 삼 층 집으로 간호방문을 하러 갔다. 인희는 체온을 재는 등 필요한 점검을 끝내고 진료가방을 마무리했다. 헬무트가 잠시 자기 옆에 앉아 있어 달라고 간청했다. 그는 서재에서 꺼내 온 앨범을 펼쳐 사진을 하나하나 설명해 주었다. 자기의 죽은 아내와 죽은 딸 미농의 사진을 보이고 나서는 다른 작은 앨범을 열었다. 그곳에는 아랍인인 것 같은 남자가 웃고 있었다. 미농이 잠시 동거했던 애인이라고 했다. 헬무트가 사는 삼 층 집은 아버지로부터 물려받은 집이라는 둥, 생활비는 퇴직연금으로 꾸려간다는 둥, 그것만으로도 근근이 생계를 꾸릴 수 있지만 좀 더 윤택하게 살고 싶어 월세와 커피숍 수입으로 재산을 늘리어 가고 있다는 둥 자기의 재정 상황에 관한 이야기도 털어 놓았다.

헬무트는 인희에게 자기 집에서 같이 저녁 식사를 하고 가라고 권했다. 독일인의 저녁 식사래야 검은 빵에 얇게 저민 소시지와 치즈를 얹은 차가운 음식이어서 인희에게는 입에 맞지 않았지만 거절할 수 없을 정도로 간청을 해왔다. 식탁으로 다가 가보니 헬무트의 특별 주문으로 레스토랑에서 배달된 따뜻한 요리가 준비되어 있었다. 인희는 그의 마음 씀씀이가 새삼 고맙게 느껴져 가슴이 뭉클했다. 저녁 식사 후 밤이 깊어 가면서 헬무트의 이야기는 점점 극적으로 전개되었다.

미농은 전쟁 과부였지만 그 아랍 남자는 총각이었고 십 년이나 젊은 남자였다고 했다. 그때 남자는 독일에 온 지 이 년이나 되어서 독일말도 잘하고 독일 생활에 잘 적응해 있던 유학생이었다. 남자는 아름다운 외모에 머리 좋고 매너도 좋고 무엇보다 미농을 무척 사랑해주었다고 했다. 같이 동거한지 얼마 후 남자는 잠시 귀국했고, 그 이후에도 미농에게 변함없이 잘 해주었다고 했다. 학위 논문이 통과되던 날 남자가 친구들과 아랍 식당에 축하 파티를 하러 간다고 해서 미농도 따라가겠다고 했다가 거절당한 후 둘 사이는 조금씩 금이 가기 시작했다. 구두 시험을 치른 후 남자는 동거하던 아파트에 쪽지 한 장만 남겨놓고 짐을 싸서 떠났다. 미농의 배신감은 너무도 심해서 기력을 잃었고 한 달이나 두문불출하고 지냈다. 미농이 기운을 차리고 남자를 수소문해서 찾아보니 진작에 고향으로 떠난 후였다. 미농은 학교에서 그 남자의 고향주소를 얻어 터키로 찾아가 보았다. 그곳에서 미농은 아이를 안은 부인을 발견하고 남자는 만나지도 않은 채 곧장 독일로 돌아왔다. 그 이후 미농은 생기를 잃고 방황하다 병에 걸렸다. 결국 미농은 자살로 생을 마쳤다고 했다.

헬무트는 미농을 잃고 실의에 빠져 있던 때에 삼 층 집에 세든 나를 만나 유심히 관찰했다. 그 아랍 남자의 일 이후 다시는 외국인에게 정을 주지 않겠다고 결심했지만 독일인보다 외국인에게 더 마음이 끌리는 것을 자신도 어쩔 수 없더라는 것이었다. 내가 커피숍에서 일하던 때에 나를 수양딸로 삼고 싶다는 이야기를 넌지시 꺼내 봤지만 딱 잘라 거절하더라는 것이었다. 그 이후 다시는 표현하지 않았지만 나에게 언젠가 허물없이 이야기 꺼낼 날을 기다리며 조용히 지켜보고 있었다고 했다. 그 당시 삼 층 집을 자주 방문하던 인희에게도 관심을 두고 바라보았다고 했다.

헬무트는 인희에게 무슨 고민이 있는 것 같던데 그것이 비자 문제 아니냐고 꼭 집어 물었다. 독일에 체류하는 외국인들은 짧은 기간의 비자 때문에 늘 그것을 갱신하는 일이 걱정거리라고 했다. 독일의 비자 제도 자체가 외국 노동자로 하여금 일자리가 있어야 취업 비자를 연장할 수 있고 취업 비자가 있어야 일자리를 얻을 수 있게되는 궁지에 빠뜨려 허우적거리게 만든다고 했다. 인희는 애써 숨겨왔던 마음을 들켜버린 일에 당황하여 얼굴이 붉어졌다. 헬무트는 그 아랍 남자가 미농과 혼인 신고를 하고 싶어 했지만, 자기가 미농에게 아이가 생길 때까지 수속을 밟지 말라고 했다고 털어놓았다. 그는 그랬던 것을 지금은 뼈저리게 후회한다면서, 그들이 혼인 신고를 했더라면 그렇게 간단히 헤어지는 일도 없었을 것이고 딸을 그렇게 한 순간에 잃는 일도 없었을 것이라고 했다.

한참을 침묵하다 헬무트는 인희를 자기의 자식으로 입양해 주면 안 되겠냐고 물었다. 그러면 인희가 독일 국적을 얻어 살아가는 데 어려움이 없을 것이라고 했다. 그에게 부인도 없고 자식도 없는 줄은 인희도 이미 알고 있었다. 그런데 형제나 가까운 친척들도 전쟁 중에 모두 죽었기 때문에 재산을 상속해 줄 혈육이 아무도 없다는 이야기를 듣는 순간 소름이 돋았다. 주위에 아무도 없는 노인네에게 입양되다니. 인희는 한국이 엄연히 살아 계신 부모와의 혈연 관계를 끊는 그런 끔찍한 일은 상상하기도 싫었다. 헬무트는 인희가 얼른 대답하지 않고 머뭇거리는 기색을 눈치 채고 넌지시 화제를 바꾸었다.

인희는 한동안 헬무트의 제안에 사로잡혀 지냈다. 오히려 거절하고 나서 가슴이 저미어 지는 고통을 느꼈다. 왜 삼 층 집을 내게 주고 싶어 하는 걸까? 헬무트가 나를 자식으로 입양해주고 재산을 상속해주려는 진짜 이유가 무엇일까. 헬무트가 설명하긴 했다. 재산을 제3자에게 유증하는 경우에는 세율이 매우 높다고 했다. 입양하면 자식이 되므로 기초 공제가 높아서 세금이 적어진다고 했다. 하지만 단지 세금을 절약하기 위한 목적만은 아닐 것이었다. 그의 의도가 납득되지 않았다. 어쨌든 그것은 인희를 잠 못 이루게 하는 갈등으로 빠뜨렸다.

다음 주에 인희가 헬무트를 방문했을 때. 그는 새로운 제안을 했다. 변호사에게 입양 절차를 알아보았는데 독신 노인에게는 입양이 허락되지 않으니 외국 여성에게 독일 국적을 취득하게 해주려면 혼인 신고를 하는 수밖에 없다는 의견을 들었다고 했다. 헬무트를 신랑으로 맞이해야 한다니. 인희는 너무 놀라 앞이 흐릿해지고 몸이 휘청거렸다. 아직 지난 번 제안 받았던 입양 문제에 대해서도 답을 하지 않았다. 그런데 한 발 더 나아가서 결혼을 하자는 프로포즈를 하는 헬무트가 인간으로 보이지 않았다. 헬무트는 애써 변명했다. 결혼식을 하자거나 결혼 생활을 같이 하자는 뜻이 아니라 변호사에게 부탁해서 혼인 신고만 마치자는 의도라고 설명했다.

또 다시 인희는 불면의 밤을 갈등으로 지새워야 했다. 아마 헬무트는 노년의 남은 기간 인희를 자기 옆에 붙들어 두고 외롭지 않은 삶을 살고 싶어 했을 것이다. 인희의 모습에서 죽은 딸의 모습을 회상하고 환각에 빠져 지내고 싶었을 것이다. 헬무트는 독일 여성과 재혼할 재력을 갖추고 있었다. 독일에는 전쟁 과부가 어디에나 흘러넘쳤다. 파삭 늙은 할아버지 한 명을 놓고 할머니들의 난투가 극심한 실정이었다. 그런데 헬무트가 딸보다 어린 인희를 곁에 두려는 데에는 숨은 이유가 있을 것이었다. 어쩌면 딸로 입양한다는 것은 명분이고 실제로는 아내로 삼으려는 수작인지도 몰랐다. 동료 간호사가 독일 남자들이 제일 선호하는 외국 신부가 한국 여자라는 신문기사를 읽어 주며 놀린 적이 있었다. 결혼중매소를 거쳐 신부감을 정하면 신랑은 중개료와 비행기요금을 내고 배우자가 될 외국 여자를 초청할 수 있다고 했다. 외국 여성 중 한국 여성이 제일 비싼 값을 치러야 하는 인기있는 상대라고 했다. 일등 신부감이라지만 수치스러운 일등이었다. 독일 신랑들은 한국 신부를 얻고 나서 아내가 독일식으로 변하면 화를 내면서 멀리하다가 아내가 독일 여성처럼 동등한 권리를 요구하기 전에 얼른 이혼해 버린다는 이야기도 들었다. 몇 날 며칠을 두고 인희는 별별 상상을 다 해보았다.

결국 인희는 어려운 결정을 내렸다. 인희는 헬무트와 함께 변호사 사무실에 들렀다 시청 혼인 담당 공무원에게 가서 혼인서약을 마쳤다. 인희는 헬무트가 괴테의 파우스트에 나오는 악마, 메피스토라는 느낌이 드는 것을 부정할 수 없었다.

나는 인희의 비밀 결혼 얘기를 듣고 그럴 수밖에 없었던 사정을 진심으로 이해했다. 그리고 인희가 뜻하지 않은 총격 사건으로 독신녀로 돌아온 것을 축하해 주었다. 인희는 메피스토의 손아귀에서 벗어났고, 이제 그녀의 순결한 영혼은 구원받은 것이라고 생각했다. 그 행운의 사건이 나에게 일어날 기회가 언뜻 주어졌지만 내가 그 기회를 무심코 흘려보내고 말았다는 사실이 잠시 내 머리를 혼란시켰다.

구두 시험

시계가 카르르 하고 울렸다. 독일의 자명종 시계는 우는 소리조차 한국 시계와 다르다는 사실 때문에 어렴풋한 잠결에도 이곳이 타향이라는 의식이 들었다. 새벽까지 뒤척이다 간신히 잠이 든 터라 좀 더 자고 싶은 생각이 굴뚝같았지만 억지로 몸을 일으켰다. 나는 자꾸 침대 속으로 가라앉으려는 자신을 매섭게 꾸짖었다.

"만약 늦잠 때문에 시험 시간을 놓치게 되면 너의 게으른 몸뚱이에 백 대 곤장 형을 선고할 거야. 맞아도 싸. 알겠어.

오늘 시험에 떨어지면 한국으로 돌아가지 못할 테니까."

부엌에는 아직 아무도 나와 있지 않았다. 어느 나라에서나 대학생들은 늦잠꾸러기니까. 나는 새삼 부엌을 둘러보았다. 공동생활도 이제 거의 끝나간다고 생각하니까 딱딱하게 배기던 부엌 의자조차 포근하게 느껴졌다. 이 부엌은 고국이 그리워 향수병에 걸렸던 처녀들이 모여서 함께 만든 공간이었다. 여럿이 모여 식사하면서 떠드는 동양식 공동체 문화를 체험할 수 있게 해 주었던 공간이 없었다면, 나는 벌써 가슴에 사무친 향수병으로 중도에 주저앉았을 것이었다. 어쨌거나 시험이란 언제나 혼자 겪어내야 하는 시련이라는 생각에 외로움이 덮쳤다.

식탁보를 들추니 친구들이 차려놓은 아침 밥상이 준비되어 있었다. 보온 바구니 안에 반숙 달걀, 치즈와 햄, 빵과 과일 잼이 수북이 담겨 있었다. 하지만 목구멍이 오그라들었는지 뻑뻑해서 빵이 잘 넘어가지 않았다. 엄마와 같이 먹던 대학 입학 시험 날의 아침식사가 생각났다. 정확히는 엄마와 같이 먹은 게 아니라 나 혼자 소고기 뭇국에 밥을 말아 먹고 엄마는 옆에서 지켜보기만 했다. 아버지도 옆에서 덩달아 긴장해서 갖가지 주의 사항을 일러주었다. 한국에서 입학 시험은 개인적인 일이 아니라 가족모두의 일로 받아들여졌었다. 이곳에서는 가족대신 친구들이 내 시험을 걱정해 주고 있었다. "아자, 아자, 힘내자!"를 속으로 뇌이며 스스로 기운을 북돋았다.

사실 나는 엊그제 친구들 몰래 병원에 다녀왔었다. 시험 이틀 전 아침에 일어나려다 어찔어찔해서 픽 쓰러졌다. 잘 살펴보니 이마가 뜨겁고 잠옷이 땀으로 푹 젖어 있었다. 평소 같으면 그 정도로 병원에 갈 엄두를 내지 않았을 터였다. 외국인은 의료 보험이 적용되지 않아 진료비가 매우 비싸다는 얘기를 듣고 그동안 한 번도 병원에 가지 않았다. 하지만 이번에는 달랐다. 고열이 시험에 지장을 줄까봐 걱정이 돼서 가만있을 수가 없었다.

학교 근처에 있는 개인 병원을 찾았다. 의사는 청진기를 대보고 입을 벌려 들여다보고 나서 대수롭지 않다는 듯 이틀분 해열제만 처방해 주었다. 그러면서 시험에 대한 스트레스 때문에 열이 나는 것이니까 시험만 끝나면 나을 것이라고 했다. 나는 비싼 치료비를 감당할 것 같지 않은 나의 초라한 차림새 때문에 대충 진료하고 돌려보내려는 것이 아닐까 걱정이 되었다. 시험 시간에 고열 때문에 정신이 흐리지 않도록 하는 비방이 없냐고 의사에게 물었다. 의사는 피식 웃으며 아침 식사 후 해열제를 먹고 가면 집중하는 데에 지장 없을 것이니 마음을 편하게 가지라고 했다. 그렇게 간단한 진료였으니 진료비가 얼마 되지 않겠지 하고 기대했지만 청구서를 받는 순간 그 비싼 금액에 가슴이 철렁 내려앉았다. 오 분도 안 되는 진료에 두 주일분 식료품비를 날려버리고 말았다. 그래도 병원을 다녀온 후부터 시험에 임하는 마음이 훨씬 가벼워졌으니 그다지 아깝지 않았다.

시험은 세 명의 시험관이 차례로 질문을 던지는 구두 시험으로 치러졌다. 첫째 문제가 던져졌다. 소유권에 관한 철학적 문제였다. 독일에 온지 이 년이 넘었건만 시험관이 묻는 내용을 정확히 알아들을 수 없었다. 독일 교수가 질문하고 있는 동안 나는 그의 모직 넥타이를 뚫어지게 쳐다봤다. 한국 남자들은 화려한 실크 넥타이를 좋아하는데 독일인은 픽픽한 모직 넥타이를 매는구나 하는 쓸데없는 생각을 하면서 질문을 흘려듣고 있었다. 나는 질문에 잘 맞는 내용인지 확실치 않은 채 그 비슷한 문제를 위해 준비한 내용을 대충 더듬거리며 늘어놓았다. 둘째 문제는 내가 잘 모르는 상법분야의 문제이어서 솔직히 모른다고 했더니 곧 민법 분야의 문제로 바꾸어 주었다. 계약에 관해서 아주 세부적인 쟁점을 질문했다. 내가 간단히 대답하자 쟁점을 정확히 파악했는가를 확인해 보기 위해 계속 집요하게 보충질문을 했다. 세 번째는 나의 박사 논문에 관한 질문이어서 비교적 세세히 보고할 수 있었다.

예정된 한 시간이 훨씬 지났다는 느낌이 들었지만 시험은 도통 끝날 줄을 몰랐다. 시험관 중의 한 명인 논문 지도 교수가 그만 마무리하자고 제안하여 나는 간신히 질문 공세에서 풀려날 수 있었다. 밖에 나가서 기다리라는 지시를 받고 의자에서 일어서는데 현기증이 나서 상체가 휘청거렸다. 시험관에게 허약하게 보일까 두려워 나는 이를 꽉 물고 자세를 바로잡은 후 또박또박 걸어

나왔다.

시험장 밖은 긴 회랑으로 되어 있었다. 양쪽에 쭉 늘어선 조각상들을 보니 족히 사오백 년은 되었음직했다. 높은 천장 밑에 늘어선 수십 개의 기둥이 회랑을 따라 길게 뻗어 있었다. 나는 하릴없이 그 기둥을 세기 시작했다. 정신이 흐트러져서 그런지 열 개를 넘고 나서는 중간에 숫자를 까먹어 다시 세기를 몇 번 하다가 그만두었다. 햇빛은 왼쪽에서 비추고 회랑의 복도 바닥에는 기다란 막대기 그림자가 줄지어 있었다. 시험장 문이 열리는 소리를 들으려 귀를 쫑긋 기울이며 한참을 기다렸다. 어찌나 그 들리지 않는 소리에 집중했는지 몸뚱이의 실체가 느껴지지 않았다.

그 사이 나의 영혼은 중세 건물의 회랑을 떠도는 유령이 되어 그 복도를 천천히 거닐고 있었다. 시험에 떨어지고 내 영혼은 이 회랑에 갇혀 복도를 오가며 영원히 벗어나지 못할 것 같은 두려움이 휘몰아쳤다. 이 년 동안 나를 꼼짝 못하게 짓눌렀던 대학의 중세건물이 더욱 무겁게 내리눌렀다. 어쩌면 이 건물은 한국처녀를 이곳 귀신으로 만들어 잡아두려는 음모를 꾸미고 있는지 모른다는 생각이 들었다. 이곳에서 탈출해야 한다는 생각에 초조해졌다. 나는 벌떡 일어나 바깥으로 나가는 문을 향해 뛰어갔다. 문에 거의 다 도달했을 때 멀리서 학과 비서가 내 이름을 부르는 소리가 들렸다. 나는 순간적으로 제 정신을 되찾았다.

비서는 나를 시험관의 회의 탁자 앞으로 안내했다. 가운데 자리 잡은 시험관이 천천히 일어났다. 그는 라틴어의 긴 문장을 시를 낭송하는 듯 운율을 넣어 읊었다. 나는 라틴어를 이해하지 못한 채 엄숙한 분위기에 짓눌려 자리에 못 박힌 듯 서있었다. 그 옆에 앉아 있던 지도 교수가 나에게 다가와 악수를 청했다. 나는 그 손바닥의 따듯한 온도를 통해 합격 통지를 전달받았다. 뜨거운 전율이 손바닥에서 명치 끝으로 갔다가 머리로 올라왔다. 눈물로 앞이 어른거렸다. 다른 시험관도 다가와 부드러운 악수를 건네며 어깨를 두드렸다. 어떻게 그 방을 나왔는지 모르겠다.

한참 후에 정신을 차리니 다시 회랑의 복도 바닥에 혼자 서있었다. 7월이었지만 오래된 석조 건물의 복도는 으스스했다. 두 손바닥을 세게 비벼 보았다. 마찰로 뜨거워진 온도가 느껴졌다. 지금 여기 서있는 것이 정녕코 유령은 아니구나 하는 안도감이 들었다. 건물을 휘휘 둘러보았다. 이 퀴퀴한 건물의 도서관 귀퉁이 방에 갇혀 살았던 처녀는 곧 멀리멀리 떠날 것이다. 나는 자유를 얻은 검투사처럼 두 팔을 위로 힘껏 뻗었다.

오후 내내 거리를 거닐었다. 친구가 있는 아파트로 갈 용기가 없었다. 학위를 받을 날만을 기다리며 사는 친구에게 내가 먼저 받았다는 말을 해야 하는 현실이 싫었다. 한 사람의 영광이 다른 사람들의 영혼을 괴롭히는 독약이 될 수도 있었다. 나도 전에 겪어 봐서 그 심정은 잘 알고 있었다. 결국 내 학위 취득을 기뻐해 줄 사람은 고국에 있는 부모뿐이라는 데에 생각이 미쳤다. 빨리 짐을 싸서 귀국하는 것이 최선이라고 결심했다.

집으로 걸어가는 길에 길게 이어진 횃불 행렬을 만났다. 백여 명의 학생들이 중세에 사용되던 기름종이 횃불을 들고 걷고 있었다. 그날 저녁 지도교수의 정년퇴임 만찬이 있을 것이라는 게시판 글이 얼핏 생각났다. 퇴임하기 전에 나의 학위를 마무리해 준 지도교수의 은덕에 머리가 숙여졌다. 나도 가게에서 횃불을 사서 그 행렬에 끼어들었다. 행렬은 대학 식당의 만찬장으로 몰려갔다. 그곳에서 지도 교수를 만난 학생들은 교수를 둘러싸고 자택으로 향했다. 횃불 덕분에 교수의 마지막 퇴근길에는 어두움이 내려앉을 여지가 없었다. 교수는 학생들이 목청껏 부르는 노래에 묻혀 집안으로 들어가고 학생들은 대문 앞에서 해산했다. 타다 남은 불꽃을 담은 횃불들이 도시의 사방으로 흩어졌다.

작별

내가 미카엘을 다시 만난 것은 정말 의외의 장소였다. 학교 앞을 지나가는 시위 행렬의 앞에서 구호를 외치는 사람을 무심코 쳐다보던 중 그가 미카엘이라는 것을 알아보았다. 그 즈음해서 T 시에서는 거의 매일 꽤 많은 대학생이 참가하는 데모가 연일 계속되었다. 미카엘도 나를 알아 본 듯 했다. 그는 내게 손을 흔들더니 행렬을 벗어나 다가왔다.

"잉게는 동남아시아로 현지조사 떠났어. 너 구두 시험 볼 때 마음 흔들릴까봐 작별 인사도 못하겠다며 선물만 내게 맡기고 갔어. 나중에 몇 나라 둘러보고 한국에도 들릴 계획이래. 그때 약속 잡아서 진하게 회포 풀자는 말 전해 달래."

잉게가 동남아시아의 결혼 풍습에 대해 조사하는 프로젝트에 참가할 조사원으로 뽑혔다는 얘기는 한 달 전부터 들었지만 그녀가 떠나는 날이 하필 내가 시험을 치르던 날인 줄은 몰랐다.

나는 미카엘에게 무슨 이유로 데모를 하냐고 물어봤다. 그는 눈을 크게 뜨고 데모를 하기 시작한지 벌써 한 달이 지났는데 그동안 우리 대학에 무슨 문제가 있는지 모르고 지냈냐고 했다. 미카엘은 대열이 저만치 가는 것을 무시한 채 내 손을 끌어다 계단에 앉혀놓고는 그 이유를 설명했다.

주정부가 의과대학생에게 실습비를 각자 부담하도록 제도를 바꾸겠다고 발표했다. 의과대학생들은 학기 초에 그 실습비를 내야 하는 부담을 안게 되었다. 그 실습비 문제는 의대생뿐 아니라 다른 학과의 학생들도 장차 새로운 부담을 지게 될 것이라는 것을 알려주는 시초였다. 그래서 모든 학과의 학생들이 개인 부담은 어떤 명목이라도 거부하겠다는 뜻을 데모를 통해 밝히고 있는 것이라고 했다.

독일에는 대학 등록금이 전혀 없었다. 대학생에게는 거의 모든 것이 공짜였다. 수업료도 안 내고 교과서도 살 필요가 없었다. 도서관이 여러 권의 교과서를 비치하고 있어 학생은 그 책을 빌려보면 되었다. 나 같은 외국인도 등록금을 내지 않았다. 게다가 독일 학생들은 대부분 국가로부터 방값, 식료품비, 용돈을 장기 융자금이나 무상으로 제공받고 있었다. 나는 외국인이지만 독일정부에서 생활비 지원을 무상으로 받고 있었다. 독일에 처음 왔을 때 나는 이곳이 학생들을 위한 천국이라고 경탄했다. 그런데 천국에서 사는 사람들도 불만은 있었다.

나는 열변을 토하는 그의 얼굴을 물끄러미 바라보았다. 미카엘 같이 좋은 가정 환경에서 자란 사람이 왜 얼마 되지 않는 실습비 같은 문제로 데모를 할까 궁금했다. 나는 독재 정권을 무너뜨리겠다거나 여성의 참정권을 주장하는 문제 같으면 공부를 제쳐 놓고 거리로 나서 목청을 높일 필요가 있다고 생각했다. 그렇지만 실습비 문제로 데모하는 것은 미카엘에게는 어울리지 않아 보였다. 하지만 전에 잉게에게서 미카엘이 반핵 운동가로서 적극적으로 활동한다는 얘기를 들었던 것이 생각났다. 환경 운동과 실습비 사이에 어떤 관계가 있는지는 모르겠다. 그는 자신의 신념을 표현하는 행동파라는 것은 분명했다. 내가 떠나올 때는 환경 운동이라는 단어조차 들어 보지 못했다. 우리나라는 경제 발전을 최우선의 가치로 삼았고 환경 보호라든가 반핵 같은 단어는 한국인과는 거리가 먼 듯 보였다.

미카엘이 자동차로 아파트에 데려다 주겠다고 했다. 우리 아파트 동네에는 한 시간에 두 번이나 세 번만 버스가 오는데 요금이 꽤 비싼 편이어서 나는 보통 걸어서 다니곤 했다. 저녁 어스름할 때 가파른 언덕길을 올라 집에 도착하면 녹초가 되곤 했다.

문 앞에 서있는 그에게 들어와서 뭐라도 먹고 가라고 했더니 나더러 밖으로 나오라고 했다. 그는 나를 근처의 숲으로 데리고 갔다. 나는 걸음걸음 마다 나무들이 내뿜는 내음을 가슴 깊숙이 빨아 마셨다. 고층 아파트가 들어선 신 주거지에서 불과 십 분 거리에 이런 울창한 숲이 있다니 믿어지지 않았다. 진작 알았으면 자주 산책 나왔을 터인데 하고 속으로 혀를 돌렸다. 숲에 들어서니 고향에 온 듯 마음의 응어리가 확 풀렸다. 대학 시절 등산반 친구들과 같이 걸었던 산들이 하나하나 떠올랐다. 숲에는 보일 듯 말 듯 한 길이 여러 갈래로 나 있었다. 나는 떠나기 전에 그 숲길들을 모두 걸어 보아야지 하고 눈 여겨 보아 두었다.

미카엘은 숲길을 팔짝팔짝 뛰어다니는 나를 물끄러미 쳐다보더니 내가 떠날 때까지 그 도시 곳곳을 소개해 주겠다고 자청했다. 나는 너무 좋아서 체면상 하는 사양의 말조차 꺼내지 못했다.

"내 호의에 대해 불편해 할 필요 없어. 이런 일이 바로 내가 하고 싶어 하는 일이거든. 지난 여름 방학에는 이집트의 작은 마을에 의료 봉사 활동을 다녀왔어. 그 일이 그렇게 재미있을 수가 없었어. 의대를 졸업하면 다시 그곳에 가서 의사로서 생활하고 싶어. 일시적인 봉사가 아니라 본격적인 개업을 말하는 것이야."

미카엘은 키가 크고 팔이 길어서 조립식 장남감을 보는 느낌이 들었다. 싱겁기는 하지만 악한 일은 못할 것 같은 원천적 선함이 그의 언동에 배어있다. 착해 보이는 외모는 나의 경계심을 느슨하게 만들었다. 미카엘은 식물원에 가서는 풀과 나무를 하나하나 설명해 주었고 동물원에 가서는 내가 신기해하는 모습을 사진에 담아 주었다.

또 가보고 싶은 데가 없냐는 질문에 나는 불쑥 창밖으로 바라만 보던 검은 숲의 봉우리에 올라가 보고 싶다고 대답했다. 계곡을 지나 길게 이어진 오르막길은 험했지만 정상에 서서 온몸에 부딪치는 바람을 맞으니 날아갈 것 같았다. 우리 아파트에서는 봉우리가 보였는데 봉우리에서는 아파트 같은 것은 보이지 않았다. 미카엘이 불쑥 말을 던졌다.

"나를 한국에 데려 가주면 안 될까? 한국에서 의료 봉사활동을 해 보고 싶어."

나는 몹시 당황했다. 얼른 미군 막사 근처에 잔뜩 엉겨붙어 버글대던 잡상인들과 양공주들이 떠올랐다.

"한국은 아프리카와는 사뭇 달라. 네가 사진에서 보던 전후의 폐허는 사라졌어. 이제는 외국 의료진의 천막 앞에 길게 줄 서서 진료를 받지 않아."

나는 하고 싶은 말이 더 있었지만 그냥 삼켰다. 어스름하게 몰려오는 산 그림자에 가려 미카엘의 얼굴은 보이지 않았다.

여행

일주일 후면 내가 독일에 온 지 이 년이 되는 날이다. 비자가 일 년 단위로 갱신되니 일 년 더 연장하던지 귀국하던지 결정해야 했다. 박사 학위를 받은 후에 대학 연구소에 계약직이라도 얻으면 비자 연장이 가능하겠지만 구태여 그렇게까지 하고 싶진 않았다. 하루라도 빨리 귀국해서 한국에서 강사자리라도 알아보고 싶었다. 그러자면 늦어도 8월 중순에는 귀국해야 했다. 지난 주 시내 여행사에 들러 귀국행 표를 구입하던 날 의식 없이 흐르는 눈물을 자꾸자꾸 훔쳤다. 소박한 유학생 생활이어서 한국에 가져갈

짐은 입던 옷가지와 책 몇 권뿐이었다. 이삿짐으로 부칠 필요 없이 항공 수하물용 가방 한 개면 충분했다.

신애는 내가 관광여행을 떠나 본 적이 없다고 말했더니 불쌍하다는 시선을 보내왔다.

"당장 짐 싸서 떠나자. 유럽의 보석이라는 도시를 적어도 몇 개는 마음에 담아 가도록 해줄게."

신애는 우선 하이델베르크로 가보자면서 인희에게도 같이 떠나자고 졸랐다. 인희는 같이 가지는 못하지만 그곳 병원에 근무하는 친구가 있으니 숙박은 문제없을 거라고 했다. 우리는 비상금을 챙겨 아파트를 나섰다. 신애는 자동차 도로로 나가 엄지손가락을 높이 들고 서서 지나가는 자동차에 손을 흔들면 차비를 절약할 수 있다고 제안했다. 나는 불안했다. 나는 그녀에게 기차든 버스든 요금을 내고 타고 가지고 졸랐지만 그녀는 이것도 좋은 경험이라고 하면서 내 제안을 묵살했다. 그것이 '히치하이킹'이라는 것을 처음 알았다. 그런 방법으로 자동차를 세 대나 바꿔 타고야 하이델베르크에 도착했다. 하이델베르크는 내가 생각했던 것 보다 훨씬 작은 도시였다. 우리는 하이델베르크 성을 둘러본 후 좀 들떠서 강변에 나란히 늘어서 있는 야외 음식점들을 기웃거리고 다녔다. 음식을 주문하려 해도 웨이트리스가 우리 테이블에는 다가오지 않았다. 몇 번이나 '프롤라인'을 외치자 그녀는 동양인의 조급함에 짜증이 난다며 메뉴판을 탁 탁자위에 던지고 사라졌다. 우리는 테이블에서 일어나 거리의 즉석요리 판매대로 가서 마음 편하게 늦은 점심을 먹었다.

그날 저녁에 우리는 인희가 적어준 쪽지를 손에 들고 낯선 아파트를 방문했다. 우리가 걱정했던 것과는 달리 그 간호사 부부는 무척 인정이 풍부한 사람들이었다. 그들은 불청객이라 어색하게 서있는 우리의 손을 끌어 식탁으로 데려가고 식사가 끝나자마자 욕실과 침실을 보여주었다. 우리는 한 시간이 채 지나지 않아 그들과 맥주를 마시며 오랜 친구 사이같이 편한 이야기를 나누었다.

다음 날 둘러 본 하이델베르크 대학은 건물이 무척 아름다웠다. 유학생 친구가 역에서부터 안내해 주었고 학교식당의 점심에 초대해 주었다. 자그맣고 소심하고 깔끔한 인상을 가진 친구였다. 매우 피곤해 제대로 정신을 집중할 수 없어서 유감이었다. 신애가 학생 감옥에서 과거의 궤적들을 살펴보다가 문득 질문을 던졌다.

"과거의 낙서들이 지워지지 않고 남아 있는 것은 축복일까 악몽일까?"

늦은 저녁 우리는 거리를 배회하면서 얼마 남지 않은 이별의 아쉬움을 억누르고 있었다. 신애의 제안으로 대학가의 극장에서 연극을 보았다. 연극은 아내를 찾기 위해 죽음의 지하세계에 방문한 남편이 아내를 만나는 순간 얼굴을 보지 않겠다는 약속을 어기고 돌아보아 아내를 다시 지하 세계에 빼앗긴다는 그리이스 신화의 이야기를 현대적으로 각색한 내용이었다. 결말을 해피엔딩으로 바꾸고 대사를 가볍고 재미있게 만들어 희극으로 바꾸었지만 문학적 깊이가 느껴지는 작품이었다. 연극을 보면서 나는 친구들과 이별할 생각에 저릿저릿 해 지는 가슴을 꽉 눌렀다.

처녀의 방은 마치 고향집의 언니와 함께 쓰던 자매의 방과 같았다. 가족 같은 푸근함이 깃들어 있었다. 친구들은 나를 따끔하게 혼내기도 했고 청소나 장보기 같은 일로 나를 자주 부려먹었다. 그렇지만 낯선 땅에서 친구는 내가 언제든 기댈 수 있는 유일한 언덕이었다. 그런데 이제 친구와 함께 했던 시간이 흘러 지나가 버리려 하고 있었다. 나는 처녀의 방이 주었던 푸근함에 영원히 머무르고 싶다는 집착이 치솟아 미칠 것 같았다. 신애가 나의 축 처진 기분을 감지하고는 내 어깨를 감싸 안으며 말했다.

"나도 얼마 안 있어 한국에 갈 테니까 길 잘 닦아 두고 있어. 우리 한 번 한국 사회를 멋지게 뒤집어 보자!"

나는 '처녀의 방'에 두 부류가 있다는 생각을 하면서 지냈다. 독일에 남을 사람과 고국으로 돌아갈 사람. 영주 희망자는 독일 사회에 동화되기 위해 무진 애를 쓰는 듯이 보였다. 서양인의 생활 습관을 몸에 익히고 그들의 종교를 받아들이고 그들의 철학을 마음에 스며들게 익혔다. 그러나 나에게 독일은 그저 학습을 위한 공간이었다. 신애가 자기는 고루한 한국 사회를 거부한다고 입버릇처럼 말해 왔기 때문에 일시 체류자는 나 혼자 뿐인 줄 알았다. 그래서 일시 체류자의 고충을 나 혼자 삭혀왔었다. 신애의 계획을 들은 순간부터 나는 한국에서도 외롭지 않으리라는 것을 알았다.

유학을
꿈꾸다

유학을 꿈꾸다

초판 인쇄 2017년 4월 3일
초판 발행 2017년 4월 10일

지은이 이은영
발행인 김인철
총괄 · 기획 가정준 Director, University Knowledge Press
편집장 신선호 Executive Knowledge Contents Creator
도서편집 김민정 Contents Creator
전자책편집 최인우 Chief e-Contents Creator
재무관리 김은혜 Managing Creator
마케팅 파트장 백승이 Chief Marketing Creator
마케팅 박종원 Marketing Creator
발행처 한국외국어대학교 지식출판원
02450 서울특별시 동대문구 이문로 107
전화 02)2173-2493~7
팩스 02)2173-3363
홈페이지 http://press.hufs.ac.kr
전자우편 press@hufs.ac.kr
출판등록 제6-6호(1969. 4. 30)
디자인 · 편집 디자인퍼브 02)2254-4308
인쇄 · 제본 네오프린텍 02)718-3111

ISBN 979-11-5901-189-4 03190 정가 15,000원

*잘못된 책은 교환하여 드립니다.

HUINE은 한국외국어대학교 지식출판원의 어학도서, 사회과학도서, 지역학 도서 Sub Brand이다. 한국외대의 영문명인 HUFS, 현명한 국제전문가 양성(International +Intelligent)의 의미를 담고 있으며, 휴인(携引)의 뜻인 '이끌다, 끌고 나가다'라는 의미처럼 출판계를 이끄는 리더로서, 혁신의 이미지를 담고 있다.